Merging Faith & Business PLANNER

business Profile

Business Name: _____
Address: _____
Phone: _____
Email: _____
Website: _____
Tax ID: _____

COMMUNICATION

My preferred communication method

Phone ☐   Email ☐
Skype ☐   Slack ☐

Communication notes:
_____
_____

SOCIAL MEDIA

- (Instagram) _____
- (Facebook) _____
- (LinkedIn) _____
- (Twitter) _____

HOURS OF OPERATION

am: _____ to pm: _____

M ☐ T ☐ W ☐ Th ☐ F ☐ Sa ☐ Su ☐

A BROKE TO PROFITABLE PRODUCT
Created with you in mind

MERGING FAITH AND BUSINESS PLANNER
Copyright © 2021 All rights reserved— Otescia R. Johnson

For copyright-related inquiries, please direct your requests to:

B.O.Y. Enterprises, Inc.
c/o Author Copyrights
P.O. Box 1012
Lowell, NC 28098

Hardback ISBN: 978-1-955605-08-3

Printed in the United States of America

Welcome Profitable Kingdom Entrepreneur!

I am grateful you have chosen to purchase this planner. It has long been a desire of mine to develop products that help kingdom entrepreneurs keep their faith at the front of their business journey. We are first, ministers of reconciliation. We just happen to minister in the marketplace. With that in mind, it is my prayer that this planner becomes a useful tool to help you remain focused both spiritually and professionally.

As you use this planner, keep the following in mind, you can make many plans, but the Lord's purpose will prevail. (Proverbs 19:21 NLT) This means it is imperative that you do not try to make plans according to your own will. Instead, seek the Father for His plans concerning your life, business, ministry, and family. Then, write those plans down and come into agreement with them. God has so many wonderful plans for you. Your success is not an accident. In fact, He framed the world with you in mind. He was intentional about ensuring you have everything you need to be successful. Honor His mindfulness towards you by being just as intentional about your own success. I am rooting for you to see ALL of His promises in every area of your life!

Your partner in success,

Otescia

Lead Coach,
Broke to Profitable
Group Coaching Program

2022

JANUARY
M	T	W	T	F	S	S
					1	2
3	4	5	6	7	8	9
10	11	12	13	14	15	16
17	18	19	20	21	22	23
24	25	26	27	28	29	30
31						

FEBRUARY
M	T	W	T	F	S	S
	1	2	3	4	5	6
7	8	9	10	11	12	13
14	15	16	17	18	19	20
21	22	23	24	25	26	27
28						

MARCH
M	T	W	T	F	S	S
	1	2	3	4	5	6
7	8	9	10	11	12	13
14	15	16	17	18	19	20
21	22	23	24	25	26	27
28	29	30	31			

APRIL
M	T	W	T	F	S	S
				1	2	3
4	5	6	7	8	9	10
11	12	13	14	15	16	17
18	19	20	21	22	23	24
25	26	27	28	29	30	

MAY
M	T	W	T	F	S	S
						1
2	3	4	5	6	7	8
9	10	11	12	13	14	15
16	17	18	19	20	21	22
23	24	25	26	27	28	29
30	31					

JUNE
M	T	W	T	F	S	S
		1	2	3	4	5
6	7	8	9	10	11	12
13	14	15	16	17	18	19
20	21	22	23	24	25	26
27	28	29	30			

JULY
M	T	W	T	F	S	S
				1	2	3
4	5	6	7	8	9	10
11	12	13	14	15	16	17
18	19	20	21	22	23	24
25	26	27	28	29	30	31

AUGUST
M	T	W	T	F	S	S
1	2	3	4	5	6	7
8	9	10	11	12	13	14
15	16	17	18	19	20	21
22	23	24	25	26	27	28
29	30	31				

SEPTEMBER
M	T	W	T	F	S	S
			1	2	3	4
5	6	7	8	9	10	11
12	13	14	15	16	17	18
19	20	21	22	23	24	25
26	27	28	29	30		

OCTOBER
M	T	W	T	F	S	S
					1	2
3	4	5	6	7	8	9
10	11	12	13	14	15	16
17	18	19	20	21	22	23
24	25	26	27	28	29	30
31						

NOVEMBER
M	T	W	T	F	S	S
	1	2	3	4	5	6
7	8	9	10	11	12	13
14	15	16	17	18	19	20
21	22	23	24	25	26	27
28	29	30				

DECEMBER
M	T	W	T	F	S	S
			1	2	3	4
5	6	7	8	9	10	11
12	13	14	15	16	17	18
19	20	21	22	23	24	25
26	27	28	29	30	31	

2023

JANUARY
M	T	W	T	F	S	S
						1
2	3	4	5	6	7	8
9	10	11	12	13	14	15
16	17	18	19	20	21	22
23	24	25	26	27	28	29
30	31					

FEBRUARY
M	T	W	T	F	S	S
		1	2	3	4	5
6	7	8	9	10	11	12
13	14	15	16	17	18	19
20	21	22	23	24	25	26
27	28					

MARCH
M	T	W	T	F	S	S
		1	2	3	4	5
6	7	8	9	10	11	12
13	14	15	16	17	18	19
20	21	22	23	24	25	26
27	28	29	30	31		

APRIL
M	T	W	T	F	S	S
					1	2
3	4	5	6	7	8	9
10	11	12	13	14	15	16
17	18	19	20	21	22	23
24	25	26	27	28	29	30

MAY
M	T	W	T	F	S	S
1	2	3	4	5	6	7
8	9	10	11	12	13	14
15	16	17	18	19	20	21
22	23	24	25	26	27	28
29	30	31				

JUNE
M	T	W	T	F	S	S
			1	2	3	4
5	6	7	8	9	10	11
12	13	14	15	16	17	18
19	20	21	22	23	24	25
26	27	28	29	30		

JULY
M	T	W	T	F	S	S
					1	2
3	4	5	6	7	8	9
10	11	12	13	14	15	16
17	18	19	20	21	22	23
24	25	26	27	28	29	30
31						

AUGUST
M	T	W	T	F	S	S
	1	2	3	4	5	6
7	8	9	10	11	12	13
14	15	16	17	18	19	20
21	22	23	24	25	26	27
28	29	30	31			

SEPTEMBER
M	T	W	T	F	S	S
				1	2	3
4	5	6	7	8	9	10
11	12	13	14	15	16	17
18	19	20	21	22	23	24
25	26	27	28	29	30	

OCTOBER
M	T	W	T	F	S	S
						1
2	3	4	5	6	7	8
9	10	11	12	13	14	15
16	17	18	19	20	21	22
23	24	25	26	27	28	29
30	31					

NOVEMBER
M	T	W	T	F	S	S
		1	2	3	4	5
6	7	8	9	10	11	12
13	14	15	16	17	18	19
20	21	22	23	24	25	26
27	28	29	30			

DECEMBER
M	T	W	T	F	S	S
				1	2	3
4	5	6	7	8	9	10
11	12	13	14	15	16	17
18	19	20	21	22	23	24
25	26	27	28	29	30	31

2024

JANUARY
M	T	W	T	F	S	S
1	2	3	4	5	6	7
8	9	10	11	12	13	14
15	16	17	18	19	20	21
22	23	24	25	26	27	28
29	30	31				

FEBRUARY
M	T	W	T	F	S	S
			1	2	3	4
5	6	7	8	9	10	11
12	13	14	15	16	17	18
19	20	21	22	23	24	25
26	27	28	29			

MARCH
M	T	W	T	F	S	S
				1	2	3
4	5	6	7	8	9	10
11	12	13	14	15	16	17
18	19	20	21	22	23	24
25	26	27	28	29	30	31

APRIL
M	T	W	T	F	S	S
1	2	3	4	5	6	7
8	9	10	11	12	13	14
15	16	17	18	19	20	21
22	23	24	25	26	27	28
29	30					

MAY
M	T	W	T	F	S	S
		1	2	3	4	5
6	7	8	9	10	11	12
13	14	15	16	17	18	19
20	21	22	23	24	25	26
27	28	29	30	31		

JUNE
M	T	W	T	F	S	S
					1	2
3	4	5	6	7	8	9
10	11	12	13	14	15	16
17	18	19	20	21	22	23
24	25	26	27	28	29	30

JULY
M	T	W	T	F	S	S
1	2	3	4	5	6	7
8	9	10	11	12	13	14
15	16	17	18	19	20	21
22	23	24	25	26	27	28
29	30	31				

AUGUST
M	T	W	T	F	S	S
			1	2	3	4
5	6	7	8	9	10	11
12	13	14	15	16	17	18
19	20	21	22	23	24	25
26	27	28	29	30	31	

SEPTEMBER
M	T	W	T	F	S	S
						1
2	3	4	5	6	7	8
9	10	11	12	13	14	15
16	17	18	19	20	21	22
23	24	25	26	27	28	29
30						

OCTOBER
M	T	W	T	F	S	S
	1	2	3	4	5	6
7	8	9	10	11	12	13
14	15	16	17	18	19	20
21	22	23	24	25	26	27
28	29	30	31			

NOVEMBER
M	T	W	T	F	S	S
				1	2	3
4	5	6	7	8	9	10
11	12	13	14	15	16	17
18	19	20	21	22	23	24
25	26	27	28	29	30	

DECEMBER
M	T	W	T	F	S	S
						1
2	3	4	5	6	7	8
9	10	11	12	13	14	15
16	17	18	19	20	21	22
23	24	25	26	27	28	29
30	31					

ELEVATOR Pitch

I work with

_____ (ideal client)

who struggle with

_____ (the problem)

and would like to be/have

_____. (ultimate result)

What makes me/my business different is

_____ (why are you different/better?)

_____

_____

and because of this, my clients get

_____. (benefit/solution)

BENEFITS OF MY SERVICES & PRODUCTS

_____

_____

_____

_____

_____

_____

_____

_____

GOD'S DECREE →

What has God said to me about this business?

_____
_____
_____
_____
_____
_____
_____
_____
_____
_____
_____
_____
_____
_____
_____
_____
_____
_____
_____
_____
_____
_____
_____

MY POLICIES

_____
_____
_____
_____

monthly
PLANNER

MONTH:

Mon	Tues	Wed	Thur	Fri	Sat	Sun

NOTES

MONTHLY GOALS

What big goal do I want to accomplish this month (Big Picture)?

Personal Goals

- [ ] _____
- [ ] _____
- [ ] _____

Business & Career Goals

- [ ] _____
- [ ] _____
- [ ] _____

Money Goals

- [ ] _____
- [ ] _____
- [ ] _____

Health & Fitness Goals

- [ ] _____
- [ ] _____
- [ ] _____

WEEKLY To-Do's

date

Scripture Focus:

> Review of one's work is a Heavenly concept. Take a moment to review what went well this week, and what needs to improve for next week.

This Week's Wins:

Things to Work On:

monday

DATE:

top priority
-
-
-

to do list

appointments

6 AM	
7 AM	
8 AM	
9 AM	
10 AM	
11 AM	
12 PM	
1 PM	
2 PM	
3 PM	
4 PM	
5 PM	
6 PM	

morning   **afternoon**   **evening**

tuesday

DATE:

top priority
-
-
-

to do list

_____
_____
_____
_____
_____
_____
_____
_____
_____
_____
_____
_____

appointments

Time	
6 AM	
7 AM	
8 AM	
9 AM	
10 AM	
11 AM	
12 PM	
1 PM	
2 PM	
3 PM	
4 PM	
5 PM	
6 PM	

morning   **afternoon**   **evening**

wednesday

DATE:

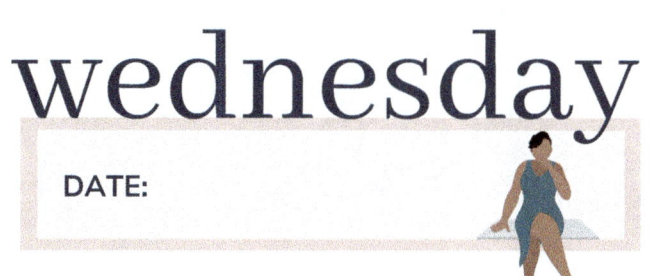

top priority
-
-
-

to do list

_____
_____
_____
_____
_____
_____
_____
_____
_____
_____
_____
_____
_____

appointments

6 AM	
7 AM	
8 AM	
9 AM	
10 AM	
11 AM	
12 PM	
1 PM	
2 PM	
3 PM	
4 PM	
5 PM	
6 PM	

morning   **afternoon**   **evening**

thursday

DATE:

top priority
-
-
-

to do list

_____
_____
_____
_____
_____
_____
_____
_____
_____
_____
_____

appointments

6 AM	
7 AM	
8 AM	
9 AM	
10 AM	
11 AM	
12 PM	
1 PM	
2 PM	
3 PM	
4 PM	
5 PM	
6 PM	

morning   **afternoon**   **evening**

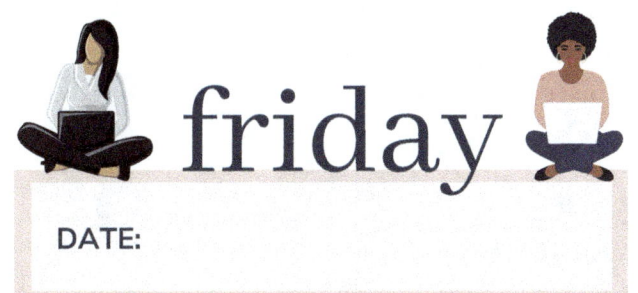

friday

DATE:

top priority
-
-
-

to do list

appointments

6 AM	
7 AM	
8 AM	
9 AM	
10 AM	
11 AM	
12 PM	
1 PM	
2 PM	
3 PM	
4 PM	
5 PM	
6 PM	

morning **afternoon** **evening**

saturday

DATE:

top priority
-
-
-

to do list

_____
_____
_____
_____
_____
_____
_____
_____
_____
_____
_____
_____

appointments

6 AM	
7 AM	
8 AM	
9 AM	
10 AM	
11 AM	
12 PM	
1 PM	
2 PM	
3 PM	
4 PM	
5 PM	
6 PM	

morning **afternoon** **evening**

sunday

DATE:

top priority
-
-
-

to do list

appointments

6 AM	
7 AM	
8 AM	
9 AM	
10 AM	
11 AM	
12 PM	
1 PM	
2 PM	
3 PM	
4 PM	
5 PM	
6 PM	

morning   **afternoon**   **evening**

WEEKLY To-Do's

date

Scripture Focus:

> Review of one's work is a Heavenly concept. Take a moment to review what went well this week, and what needs to improve for next week.

This Week's Wins:

Things to Work On:

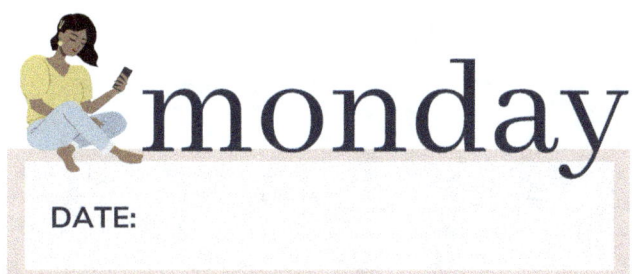

monday

DATE:

top priority
- [ ]
- [ ]
- [ ]

to do list

appointments

Time	
6 AM	
7 AM	
8 AM	
9 AM	
10 AM	
11 AM	
12 PM	
1 PM	
2 PM	
3 PM	
4 PM	
5 PM	
6 PM	

morning **afternoon** **evening**

tuesday

DATE:

top priority
-
-
-

to do list

appointments

6 AM	
7 AM	
8 AM	
9 AM	
10 AM	
11 AM	
12 PM	
1 PM	
2 PM	
3 PM	
4 PM	
5 PM	
6 PM	

morning   **afternoon**   **evening**

wednesday

DATE:

top priority
-
-
-

to do list

_____
_____
_____
_____
_____
_____
_____
_____
_____
_____
_____
_____

appointments

6 AM	
7 AM	
8 AM	
9 AM	
10 AM	
11 AM	
12 PM	
1 PM	
2 PM	
3 PM	
4 PM	
5 PM	
6 PM	

morning   **afternoon**   **evening**

thursday

DATE:

top priority
-
-
-

to do list

appointments

6 AM	
7 AM	
8 AM	
9 AM	
10 AM	
11 AM	
12 PM	
1 PM	
2 PM	
3 PM	
4 PM	
5 PM	
6 PM	

morning　　　afternoon　　　evening

friday

DATE:

top priority
-
-
-

to do list

_____
_____
_____
_____
_____
_____
_____
_____
_____
_____
_____
_____

appointments

Time	
6 AM	
7 AM	
8 AM	
9 AM	
10 AM	
11 AM	
12 PM	
1 PM	
2 PM	
3 PM	
4 PM	
5 PM	
6 PM	

morning   **afternoon**   **evening**

saturday

DATE:

top priority
-
-
-

to do list

appointments

6 AM	
7 AM	
8 AM	
9 AM	
10 AM	
11 AM	
12 PM	
1 PM	
2 PM	
3 PM	
4 PM	
5 PM	
6 PM	

morning   **afternoon**   **evening**

sunday

DATE:

top priority
-
-
-

to do list

_____
_____
_____
_____
_____
_____
_____
_____
_____
_____
_____
_____

appointments

Time	
6 AM	
7 AM	
8 AM	
9 AM	
10 AM	
11 AM	
12 PM	
1 PM	
2 PM	
3 PM	
4 PM	
5 PM	
6 PM	

morning   **afternoon**   **evening**

WEEKLY To-Do's

date

Scripture Focus:

> Review of one's work is a Heavenly concept. Take a moment to review what went well this week, and what needs to improve for next week.

This Week's Wins:

Things to Work On:

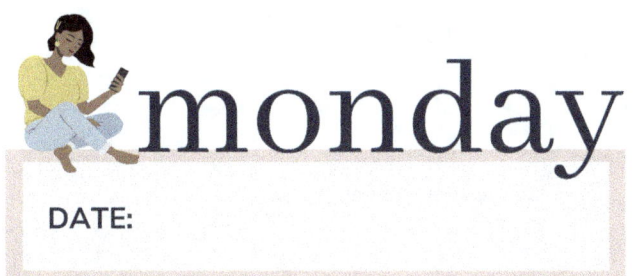

monday

DATE:

top priority

-
-
-

to do list

appointments

6 AM
7 AM
8 AM
9 AM
10 AM
11 AM
12 PM
1 PM
2 PM
3 PM
4 PM
5 PM
6 PM

morning   **afternoon**   **evening**

tuesday

DATE:

top priority
-
-
-

to do list

_____
_____
_____
_____
_____
_____
_____
_____
_____
_____
_____
_____

appointments

6 AM
7 AM
8 AM
9 AM
10 AM
11 AM
12 PM
1 PM
2 PM
3 PM
4 PM
5 PM
6 PM

morning　　　**afternoon**　　　**evening**

wednesday

DATE:

top priority
- [ ]
- [ ]
- [ ]

to do list

appointments

6 AM
7 AM
8 AM
9 AM
10 AM
11 AM
12 PM
1 PM
2 PM
3 PM
4 PM
5 PM
6 PM

morning   **afternoon**   **evening**

thursday

DATE:

top priority
-
-
-

to do list

_____
_____
_____
_____
_____
_____
_____
_____
_____
_____
_____

appointments

6 AM
7 AM
8 AM
9 AM
10 AM
11 AM
12 PM
1 PM
2 PM
3 PM
4 PM
5 PM
6 PM

morning　　　**afternoon**　　　**evening**

friday

DATE:

top priority

-
-
-

to do list

appointments

6 AM	
7 AM	
8 AM	
9 AM	
10 AM	
11 AM	
12 PM	
1 PM	
2 PM	
3 PM	
4 PM	
5 PM	
6 PM	

morning　　　afternoon　　　evening

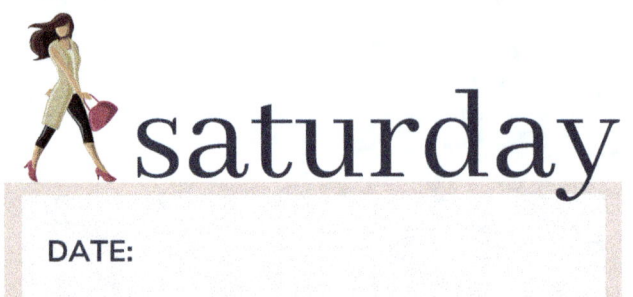

saturday

DATE:

top priority
-
-
-

to do list

_____
_____
_____
_____
_____
_____
_____
_____
_____
_____

appointments

6 AM
7 AM
8 AM
9 AM
10 AM
11 AM
12 PM
1 PM
2 PM
3 PM
4 PM
5 PM
6 PM

morning   **afternoon**   **evening**

sunday

DATE:

top priority
-
-
-

to do list

appointments

6 AM	
7 AM	
8 AM	
9 AM	
10 AM	
11 AM	
12 PM	
1 PM	
2 PM	
3 PM	
4 PM	
5 PM	
6 PM	

morning **afternoon** **evening**

WEEKLY To-Do's

date

Scripture Focus:

> Review of one's work is a Heavenly concept. Take a moment to review what went well this week, and what needs to improve for next week.

This Week's Wins:

Things to Work On:

monday

DATE:

top priority

-
-
-

to do list

_____
_____
_____
_____
_____
_____
_____
_____
_____
_____
_____
_____

appointments

Time	
6 AM	
7 AM	
8 AM	
9 AM	
10 AM	
11 AM	
12 PM	
1 PM	
2 PM	
3 PM	
4 PM	
5 PM	
6 PM	

morning **afternoon** **evening**

tuesday

DATE:

top priority
-
-
-

to do list

_____
_____
_____
_____
_____
_____
_____
_____
_____
_____
_____

appointments

6 AM	
7 AM	
8 AM	
9 AM	
10 AM	
11 AM	
12 PM	
1 PM	
2 PM	
3 PM	
4 PM	
5 PM	
6 PM	

morning   **afternoon**   **evening**

wednesday

DATE:

top priority
-
-
-

to do list

appointments

6 AM
7 AM
8 AM
9 AM
10 AM
11 AM
12 PM
1 PM
2 PM
3 PM
4 PM
5 PM
6 PM

morning **afternoon** **evening**

thursday

DATE:

top priority

-
-
-

to do list

_____
_____
_____
_____
_____
_____
_____
_____
_____
_____
_____
_____

appointments

Time	
6 AM	
7 AM	
8 AM	
9 AM	
10 AM	
11 AM	
12 PM	
1 PM	
2 PM	
3 PM	
4 PM	
5 PM	
6 PM	

morning   **afternoon**   **evening**

friday

DATE:

top priority
-
-
-

to do list

appointments

6 AM	
7 AM	
8 AM	
9 AM	
10 AM	
11 AM	
12 PM	
1 PM	
2 PM	
3 PM	
4 PM	
5 PM	
6 PM	

morning **afternoon** **evening**

saturday

DATE:

top priority
-
-
-

to do list

appointments

6 AM
7 AM
8 AM
9 AM
10 AM
11 AM
12 PM
1 PM
2 PM
3 PM
4 PM
5 PM
6 PM

morning　　　**afternoon**　　　**evening**

sunday

DATE:

top priority
-
-
-

to do list

_____
_____
_____
_____
_____
_____
_____
_____
_____
_____

appointments

6 AM	
7 AM	
8 AM	
9 AM	
10 AM	
11 AM	
12 PM	
1 PM	
2 PM	
3 PM	
4 PM	
5 PM	
6 PM	

morning   **afternoon**   **evening**

INCOME TRACKER

Month: _____

Project/Product	Client/Source	Income $
☐ _____	_____	_____
☐ _____	_____	_____
☐ _____	_____	_____
☐ _____	_____	_____
☐ _____	_____	_____
☐ _____	_____	_____
☐ _____	_____	_____
☐ _____	_____	_____
☐ _____	_____	_____
☐ _____	_____	_____
☐ _____	_____	_____

Total Monthly Income

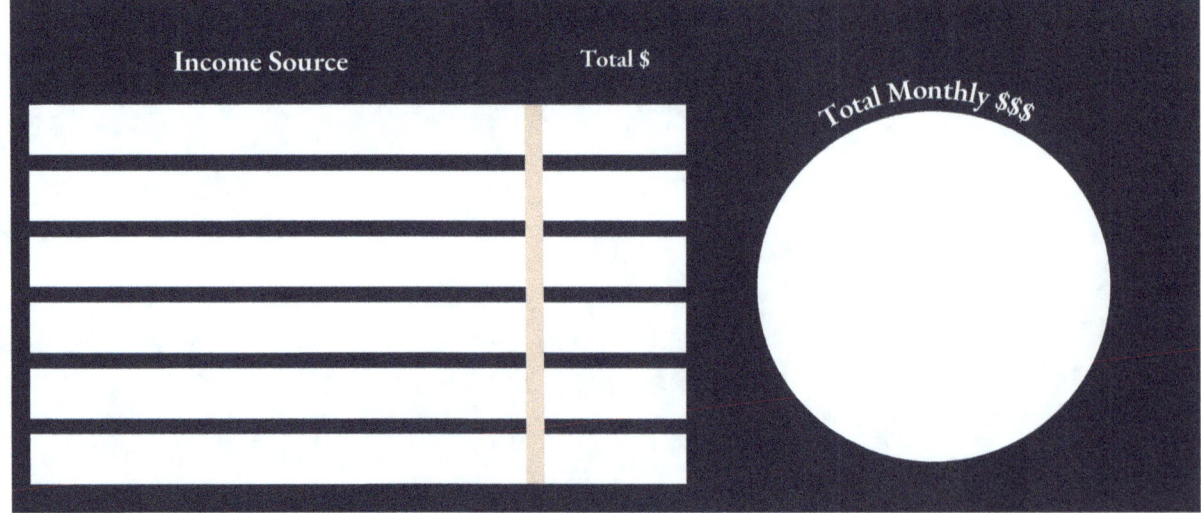

Income Source | Total $ | Total Monthly $$$

monthly
PLANNER

MONTH:

Mon	Tues	Wed	Thur	Fri	Sat	Sun

NOTES
_____   _____
_____   _____
_____   _____
_____   _____

your business name

MONTHLY GOALS

What big goal do I want to accomplish this month (Big Picture)?

Personal Goals

- [ ] _____
- [ ] _____
- [ ] _____

Business & Career Goals

- [ ] _____
- [ ] _____
- [ ] _____

Money Goals

- [ ] _____
- [ ] _____
- [ ] _____

Health & Fitness Goals

- [ ] _____
- [ ] _____
- [ ] _____

WEEKLY To-Do's

date

Scripture Focus:

> Review of one's work is a Heavenly concept. Take a moment to review what went well this week, and what needs to improve for next week.

This Week's Wins:

Things to Work On:

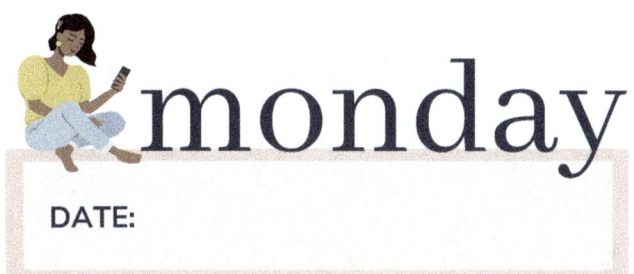

monday

DATE:

top priority
-
-
-

to do list

_____
_____
_____
_____
_____
_____
_____
_____
_____
_____
_____

appointments

6 AM
7 AM
8 AM
9 AM
10 AM
11 AM
12 PM
1 PM
2 PM
3 PM
4 PM
5 PM
6 PM

morning   **afternoon**   **evening**

tuesday

DATE:

top priority
-
-
-

to do list

_____
_____
_____
_____
_____
_____
_____
_____
_____
_____
_____

appointments

6 AM	
7 AM	
8 AM	
9 AM	
10 AM	
11 AM	
12 PM	
1 PM	
2 PM	
3 PM	
4 PM	
5 PM	
6 PM	

morning   **afternoon**   **evening**

wednesday

DATE:

top priority
-
-
-

to do list

appointments

Time	
6 AM	
7 AM	
8 AM	
9 AM	
10 AM	
11 AM	
12 PM	
1 PM	
2 PM	
3 PM	
4 PM	
5 PM	
6 PM	

morning   **afternoon**   **evening**

thursday

DATE:

top priority
-
-
-

to do list

_____
_____
_____
_____
_____
_____
_____
_____
_____
_____
_____
_____

appointments

6 AM	
7 AM	
8 AM	
9 AM	
10 AM	
11 AM	
12 PM	
1 PM	
2 PM	
3 PM	
4 PM	
5 PM	
6 PM	

morning   **afternoon**   **evening**

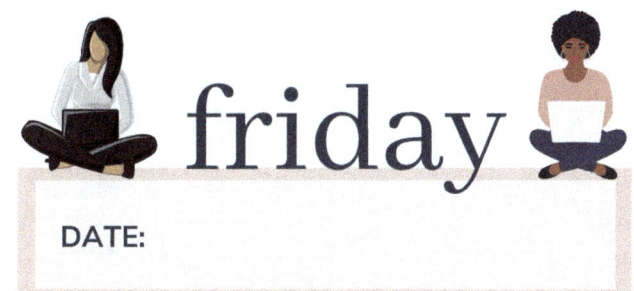

friday

DATE:

top priority
-
-
-

to do list

appointments

6 AM	
7 AM	
8 AM	
9 AM	
10 AM	
11 AM	
12 PM	
1 PM	
2 PM	
3 PM	
4 PM	
5 PM	
6 PM	

morning **afternoon** **evening**

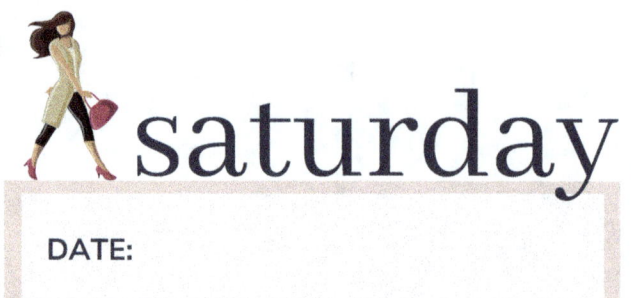

saturday

DATE:

top priority

-
-
-

to do list

appointments

6 AM	
7 AM	
8 AM	
9 AM	
10 AM	
11 AM	
12 PM	
1 PM	
2 PM	
3 PM	
4 PM	
5 PM	
6 PM	

morning   afternoon   evening

sunday

DATE:

top priority
-
-
-

to do list

appointments

6 AM
7 AM
8 AM
9 AM
10 AM
11 AM
12 PM
1 PM
2 PM
3 PM
4 PM
5 PM
6 PM

morning   afternoon   evening

WEEKLY To-Do's

date

Scripture Focus:

> Review of one's work is a Heavenly concept. Take a moment to review what went well this week, and what needs to improve for next week.

This Week's Wins:

Things to Work On:

monday

DATE:

top priority
-
-
-

to do list

appointments

6 AM	
7 AM	
8 AM	
9 AM	
10 AM	
11 AM	
12 PM	
1 PM	
2 PM	
3 PM	
4 PM	
5 PM	
6 PM	

morning   **afternoon**   **evening**

tuesday

DATE:

top priority
- ☐
- ☐
- ☐

to do list

appointments

6 AM	
7 AM	
8 AM	
9 AM	
10 AM	
11 AM	
12 PM	
1 PM	
2 PM	
3 PM	
4 PM	
5 PM	
6 PM	

morning   **afternoon**   **evening**

wednesday

DATE:

top priority
- [ ]
- [ ]
- [ ]

to do list

_____
_____
_____
_____
_____
_____
_____
_____
_____
_____
_____
_____
_____

appointments

Time	
6 AM	
7 AM	
8 AM	
9 AM	
10 AM	
11 AM	
12 PM	
1 PM	
2 PM	
3 PM	
4 PM	
5 PM	
6 PM	

morning   **afternoon**   **evening**

thursday

DATE:

top priority
-
-
-

to do list

_____
_____
_____
_____
_____
_____
_____
_____
_____
_____
_____
_____
_____

appointments

6 AM
7 AM
8 AM
9 AM
10 AM
11 AM
12 PM
1 PM
2 PM
3 PM
4 PM
5 PM
6 PM

morning   **afternoon**   **evening**

friday

DATE:

top priority

-
-
-

to do list

appointments

6 AM	
7 AM	
8 AM	
9 AM	
10 AM	
11 AM	
12 PM	
1 PM	
2 PM	
3 PM	
4 PM	
5 PM	
6 PM	

morning　　　　afternoon　　　　evening

saturday

DATE:

top priority
-
-
-

to do list

appointments

6 AM	
7 AM	
8 AM	
9 AM	
10 AM	
11 AM	
12 PM	
1 PM	
2 PM	
3 PM	
4 PM	
5 PM	
6 PM	

morning   **afternoon**   **evening**

sunday

DATE:

top priority
-
-
-

to do list

_____
_____
_____
_____
_____
_____
_____
_____
_____
_____
_____
_____

appointments

6 AM
7 AM
8 AM
9 AM
10 AM
11 AM
12 PM
1 PM
2 PM
3 PM
4 PM
5 PM
6 PM

morning afternoon evening

WEEKLY To-Do's

date

Scripture Focus:

> Review of one's work is a Heavenly concept. Take a moment to review what went well this week, and what needs to improve for next week.

This Week's Wins:

Things to Work On:

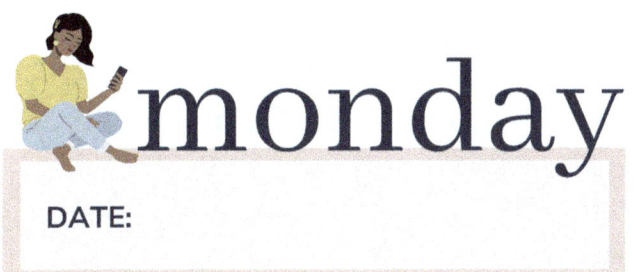
monday

DATE:

top priority
-
-
-

to do list

_____
_____
_____
_____
_____
_____
_____
_____
_____
_____
_____
_____
_____

appointments

6 AM	
7 AM	
8 AM	
9 AM	
10 AM	
11 AM	
12 PM	
1 PM	
2 PM	
3 PM	
4 PM	
5 PM	
6 PM	

morning　　　**afternoon**　　　**evening**

tuesday

DATE:

top priority
-
-
-

to do list

_____
_____
_____
_____
_____
_____
_____
_____
_____
_____
_____
_____

appointments

6 AM
7 AM
8 AM
9 AM
10 AM
11 AM
12 PM
1 PM
2 PM
3 PM
4 PM
5 PM
6 PM

morning   **afternoon**   **evening**

wednesday

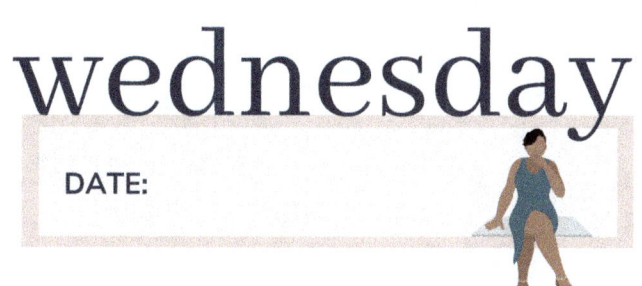

DATE:

top priority
-
-
-

to do list

_____
_____
_____
_____
_____
_____
_____
_____
_____
_____
_____
_____
_____

appointments

Time	
6 AM	
7 AM	
8 AM	
9 AM	
10 AM	
11 AM	
12 PM	
1 PM	
2 PM	
3 PM	
4 PM	
5 PM	
6 PM	

morning   **afternoon**   **evening**

thursday

DATE:

top priority
-
-
-

to do list

appointments

6 AM	
7 AM	
8 AM	
9 AM	
10 AM	
11 AM	
12 PM	
1 PM	
2 PM	
3 PM	
4 PM	
5 PM	
6 PM	

morning **afternoon** **evening**

friday

DATE:

top priority
-
-
-

to do list

appointments

6 AM	
7 AM	
8 AM	
9 AM	
10 AM	
11 AM	
12 PM	
1 PM	
2 PM	
3 PM	
4 PM	
5 PM	
6 PM	

morning — **afternoon** — **evening**

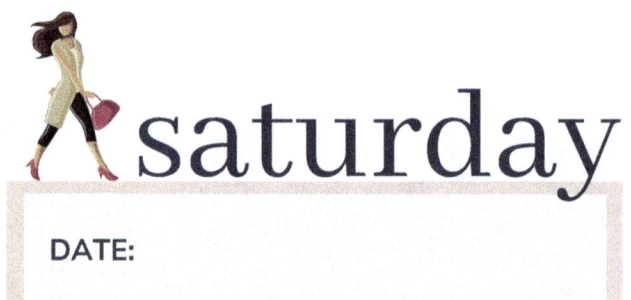

saturday

DATE:

top priority
-
-
-

to do list

_____
_____
_____
_____
_____
_____
_____
_____
_____
_____

appointments

6 AM
7 AM
8 AM
9 AM
10 AM
11 AM
12 PM
1 PM
2 PM
3 PM
4 PM
5 PM
6 PM

morning **afternoon** **evening**

sunday

DATE:

top priority
-
-
-

to do list

appointments

6 AM	
7 AM	
8 AM	
9 AM	
10 AM	
11 AM	
12 PM	
1 PM	
2 PM	
3 PM	
4 PM	
5 PM	
6 PM	

morning   **afternoon**   **evening**

WEEKLY To-Do's

date

Scripture Focus:

> Review of one's work is a Heavenly concept. Take a moment to review what went well this week, and what needs to improve for next week.

This Week's Wins:

Things to Work On:

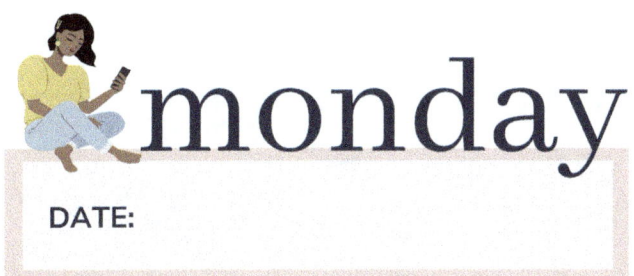
monday

DATE:

top priority
-
-
-

to do list

_____
_____
_____
_____
_____
_____
_____
_____
_____
_____
_____
_____
_____
_____

appointments

6 AM	
7 AM	
8 AM	
9 AM	
10 AM	
11 AM	
12 PM	
1 PM	
2 PM	
3 PM	
4 PM	
5 PM	
6 PM	

morning   **afternoon**   **evening**

tuesday

DATE:

top priority
-
-
-

to do list

_____
_____
_____
_____
_____
_____
_____
_____
_____
_____
_____
_____
_____

appointments

6 AM	
7 AM	
8 AM	
9 AM	
10 AM	
11 AM	
12 PM	
1 PM	
2 PM	
3 PM	
4 PM	
5 PM	
6 PM	

morning   **afternoon**   **evening**

wednesday

DATE:

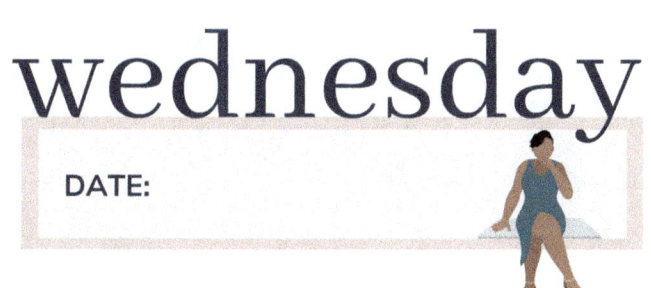

top priority
-
-
-

to do list

appointments

6 AM	
7 AM	
8 AM	
9 AM	
10 AM	
11 AM	
12 PM	
1 PM	
2 PM	
3 PM	
4 PM	
5 PM	
6 PM	

morning afternoon evening

thursday

DATE:

top priority
-
-
-

to do list

_____
_____
_____
_____
_____
_____
_____
_____
_____
_____
_____

appointments

6 AM
7 AM
8 AM
9 AM
10 AM
11 AM
12 PM
1 PM
2 PM
3 PM
4 PM
5 PM
6 PM

morning　　　**afternoon**　　　**evening**

friday

DATE:

top priority
-
-
-

to do list

appointments

6 AM
7 AM
8 AM
9 AM
10 AM
11 AM
12 PM
1 PM
2 PM
3 PM
4 PM
5 PM
6 PM

morning — **afternoon** — **evening**

saturday

DATE:

top priority

-
-
-

to do list

_____
_____
_____
_____
_____
_____
_____
_____
_____
_____
_____

appointments

6 AM
7 AM
8 AM
9 AM
10 AM
11 AM
12 PM
1 PM
2 PM
3 PM
4 PM
5 PM
6 PM

morning   **afternoon**   **evening**

sunday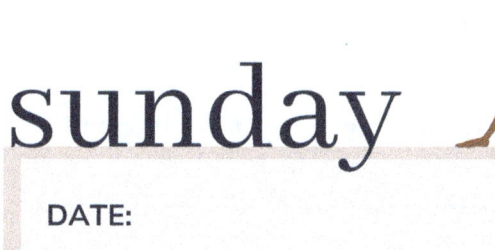

DATE:

top priority
-
-
-

to do list

_____
_____
_____
_____
_____
_____
_____
_____
_____
_____
_____
_____

appointments

6 AM
7 AM
8 AM
9 AM
10 AM
11 AM
12 PM
1 PM
2 PM
3 PM
4 PM
5 PM
6 PM

morning   **afternoon**   **evening**

INCOME TRACKER

Month: _____

Project/Product	Client/Source	Income $
☐ _____	_____	_____
☐ _____	_____	_____
☐ _____	_____	_____
☐ _____	_____	_____
☐ _____	_____	_____
☐ _____	_____	_____
☐ _____	_____	_____
☐ _____	_____	_____
☐ _____	_____	_____
☐ _____	_____	_____
☐ _____	_____	_____

Total Monthly Income

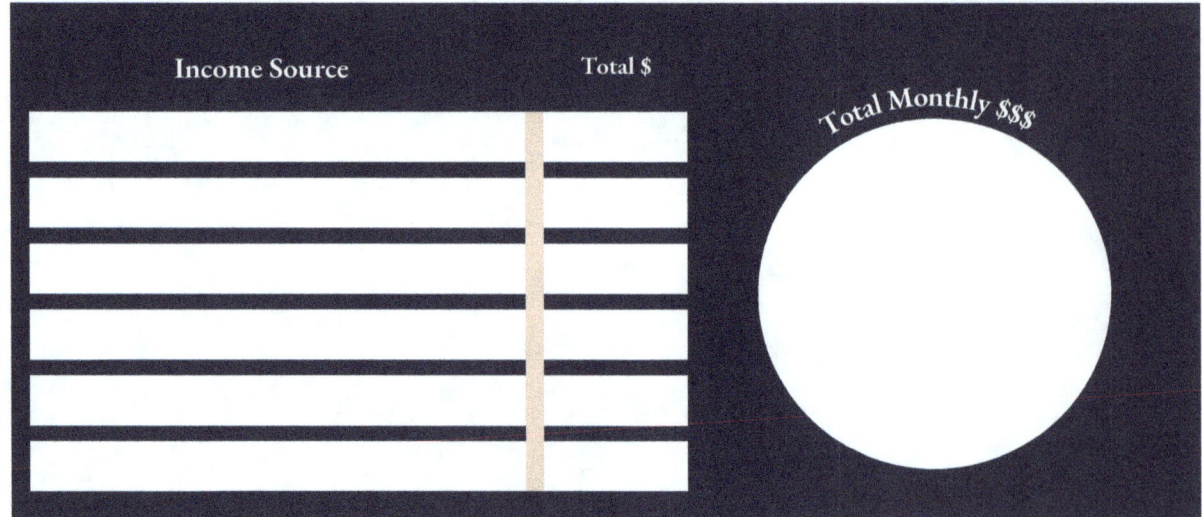

Income Source | Total $ | Total Monthly $$$

monthly
PLANNER

MONTH:

Mon	Tues	Wed	Thur	Fri	Sat	Sun

NOTES
_____   _____
_____   _____
_____   _____
_____   _____

MONTHLY GOALS

What big goal do I want to accomplish this month (Big Picture)?

Personal Goals

- ☐ _____
- ☐ _____
- ☐ _____

Business & Career Goals

- ☐ _____
- ☐ _____
- ☐ _____

Money Goals

- ☐ _____
- ☐ _____
- ☐ _____

Health & Fitness Goals

- ☐ _____
- ☐ _____
- ☐ _____

WEEKLY To-Do's

date

Scripture Focus:

> Review of one's work is a Heavenly concept. Take a moment to review what went well this week, and what needs to improve for next week.

This Week's Wins:

Things to Work On:

monday

DATE:

top priority
-
-
-

to do list

appointments

6 AM	
7 AM	
8 AM	
9 AM	
10 AM	
11 AM	
12 PM	
1 PM	
2 PM	
3 PM	
4 PM	
5 PM	
6 PM	

morning   **afternoon**   **evening**

tuesday

DATE:

top priority
-
-
-

to do list

appointments

6 AM
7 AM
8 AM
9 AM
10 AM
11 AM
12 PM
1 PM
2 PM
3 PM
4 PM
5 PM
6 PM

morning   **afternoon**   **evening**

wednesday

DATE:

top priority
-
-
-

to do list

appointments

6 AM
7 AM
8 AM
9 AM
10 AM
11 AM
12 PM
1 PM
2 PM
3 PM
4 PM
5 PM
6 PM

morning · afternoon · evening

thursday

DATE:

top priority
-
-
-

to do list

_____
_____
_____
_____
_____
_____
_____
_____
_____
_____
_____
_____

appointments

6 AM	
7 AM	
8 AM	
9 AM	
10 AM	
11 AM	
12 PM	
1 PM	
2 PM	
3 PM	
4 PM	
5 PM	
6 PM	

morning   **afternoon**   **evening**

friday

DATE:

top priority
-
-
-

to do list

appointments

6 AM	
7 AM	
8 AM	
9 AM	
10 AM	
11 AM	
12 PM	
1 PM	
2 PM	
3 PM	
4 PM	
5 PM	
6 PM	

morning   **afternoon**   **evening**

# saturday

DATE:

top priority
-
-
-

to do list

appointments

6 AM	
7 AM	
8 AM	
9 AM	
10 AM	
11 AM	
12 PM	
1 PM	
2 PM	
3 PM	
4 PM	
5 PM	
6 PM	

morning　　　　**afternoon**　　　　**evening**

sunday

DATE:

top priority
-
-
-

to do list

_____
_____
_____
_____
_____
_____
_____
_____
_____
_____
_____
_____

appointments

6 AM
7 AM
8 AM
9 AM
10 AM
11 AM
12 PM
1 PM
2 PM
3 PM
4 PM
5 PM
6 PM

morning   **afternoon**   **evening**

WEEKLY To-Do's

date

Scripture Focus:

> Review of one's work is a Heavenly concept. Take a moment to review what went well this week, and what needs to improve for next week.

This Week's Wins:

Things to Work On:

monday

DATE:

top priority
-
-
-

to do list

_____
_____
_____
_____
_____
_____
_____
_____
_____
_____
_____

appointments

6 AM	
7 AM	
8 AM	
9 AM	
10 AM	
11 AM	
12 PM	
1 PM	
2 PM	
3 PM	
4 PM	
5 PM	
6 PM	

morning   **afternoon**   **evening**

tuesday

DATE:

top priority

-
-
-

to do list

_____
_____
_____
_____
_____
_____
_____
_____
_____
_____
_____
_____

appointments

6 AM
7 AM
8 AM
9 AM
10 AM
11 AM
12 PM
1 PM
2 PM
3 PM
4 PM
5 PM
6 PM

morning afternoon evening

wednesday

DATE:

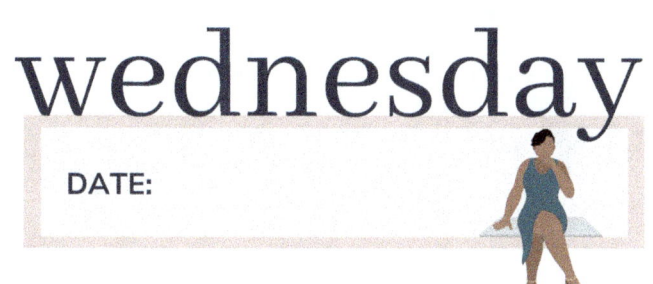

top priority
-
-
-

to do list

_____
_____
_____
_____
_____
_____
_____
_____
_____
_____
_____
_____

appointments

6 AM	
7 AM	
8 AM	
9 AM	
10 AM	
11 AM	
12 PM	
1 PM	
2 PM	
3 PM	
4 PM	
5 PM	
6 PM	

morning   **afternoon**   **evening**

thursday

DATE:

top priority
-
-
-

to do list

_____
_____
_____
_____
_____
_____
_____
_____
_____
_____
_____

appointments

6 AM
7 AM
8 AM
9 AM
10 AM
11 AM
12 PM
1 PM
2 PM
3 PM
4 PM
5 PM
6 PM

morning   **afternoon**   **evening**

friday

DATE:

top priority
-
-
-

to do list

_____
_____
_____
_____
_____
_____
_____
_____
_____
_____
_____

appointments

6 AM	
7 AM	
8 AM	
9 AM	
10 AM	
11 AM	
12 PM	
1 PM	
2 PM	
3 PM	
4 PM	
5 PM	
6 PM	

morning **afternoon** **evening**

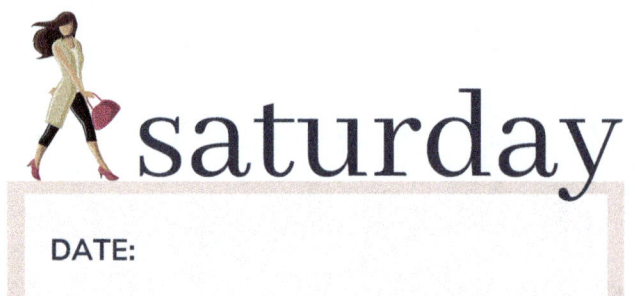

saturday

DATE:

top priority
-
-
-

to do list

_____
_____
_____
_____
_____
_____
_____
_____
_____
_____
_____

appointments

6 AM
7 AM
8 AM
9 AM
10 AM
11 AM
12 PM
1 PM
2 PM
3 PM
4 PM
5 PM
6 PM

morning   **afternoon**   **evening**

sunday

DATE:

top priority
-
-
-

to do list

_____
_____
_____
_____
_____
_____
_____
_____
_____
_____
_____
_____

appointments

6 AM
7 AM
8 AM
9 AM
10 AM
11 AM
12 PM
1 PM
2 PM
3 PM
4 PM
5 PM
6 PM

morning **afternoon** **evening**

WEEKLY To-Do's

date

Scripture Focus:

> Review of one's work is a Heavenly concept. Take a moment to review what went well this week, and what needs to improve for next week.

This Week's Wins:

Things to Work On:

monday

DATE:

top priority
-
-
-

to do list

_____
_____
_____
_____
_____
_____
_____
_____
_____
_____
_____
_____

appointments

Time	
6 AM	
7 AM	
8 AM	
9 AM	
10 AM	
11 AM	
12 PM	
1 PM	
2 PM	
3 PM	
4 PM	
5 PM	
6 PM	

morning   **afternoon**   **evening**

tuesday

DATE:

top priority
-
-
-

to do list

appointments

6 AM	
7 AM	
8 AM	
9 AM	
10 AM	
11 AM	
12 PM	
1 PM	
2 PM	
3 PM	
4 PM	
5 PM	
6 PM	

morning **afternoon** **evening**

wednesday

DATE:

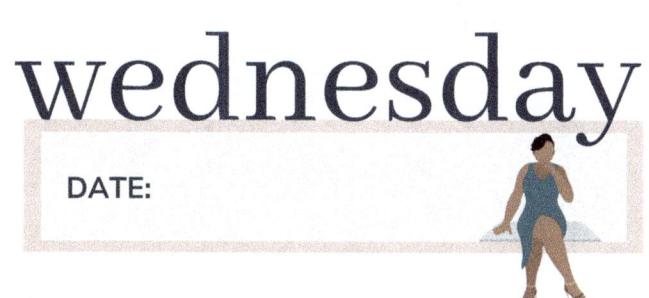

top priority
-
-
-

to do list

_____
_____
_____
_____
_____
_____
_____
_____
_____
_____
_____
_____

appointments

6 AM
7 AM
8 AM
9 AM
10 AM
11 AM
12 PM
1 PM
2 PM
3 PM
4 PM
5 PM
6 PM

| morning | afternoon | evening |

thursday

DATE:

top priority
-
-
-

to do list

_____
_____
_____
_____
_____
_____
_____
_____
_____
_____
_____
_____

appointments

6 AM
7 AM
8 AM
9 AM
10 AM
11 AM
12 PM
1 PM
2 PM
3 PM
4 PM
5 PM
6 PM

morning   **afternoon**   **evening**

friday

DATE:

top priority
-
-
-

to do list

appointments

6 AM	
7 AM	
8 AM	
9 AM	
10 AM	
11 AM	
12 PM	
1 PM	
2 PM	
3 PM	
4 PM	
5 PM	
6 PM	

morning   **afternoon**   **evening**

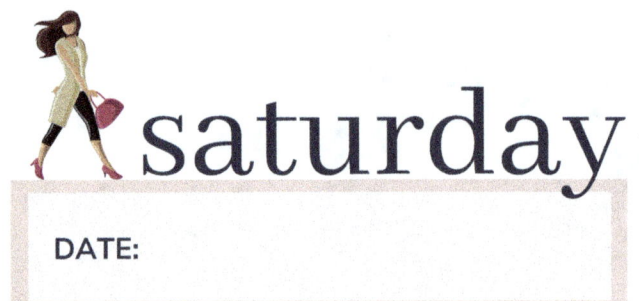

saturday

DATE:

top priority
- ☐
- ☐
- ☐

to do list

_____
_____
_____
_____
_____
_____
_____
_____
_____
_____
_____
_____

appointments

6 AM
7 AM
8 AM
9 AM
10 AM
11 AM
12 PM
1 PM
2 PM
3 PM
4 PM
5 PM
6 PM

morning   **afternoon**   **evening**

sunday

DATE:

top priority
-
-
-

to do list

appointments

6 AM	
7 AM	
8 AM	
9 AM	
10 AM	
11 AM	
12 PM	
1 PM	
2 PM	
3 PM	
4 PM	
5 PM	
6 PM	

morning **afternoon** **evening**

WEEKLY To-Do's

date

Scripture Focus:

> Review of one's work is a Heavenly concept. Take a moment to review what went well this week, and what needs to improve for next week.

This Week's Wins:

Things to Work On:

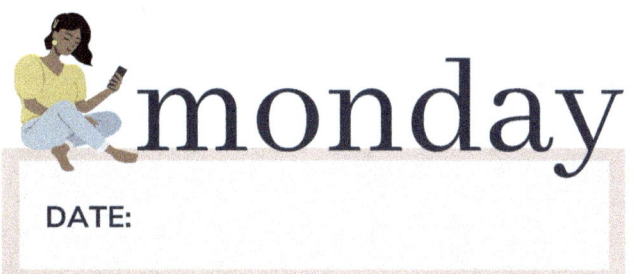
monday

DATE:

top priority
-
-
-

to do list

appointments

6 AM	
7 AM	
8 AM	
9 AM	
10 AM	
11 AM	
12 PM	
1 PM	
2 PM	
3 PM	
4 PM	
5 PM	
6 PM	

morning **afternoon** **evening**

tuesday

DATE:

top priority
- ☐
- ☐
- ☐

to do list

_____
_____
_____
_____
_____
_____
_____
_____
_____
_____
_____
_____

appointments

6 AM
7 AM
8 AM
9 AM
10 AM
11 AM
12 PM
1 PM
2 PM
3 PM
4 PM
5 PM
6 PM

morning　　　**afternoon**　　　**evening**

wednesday

DATE:

top priority
-
-
-

to do list

_____
_____
_____
_____
_____
_____
_____
_____
_____
_____
_____
_____
_____

appointments

6 AM
7 AM
8 AM
9 AM
10 AM
11 AM
12 PM
1 PM
2 PM
3 PM
4 PM
5 PM
6 PM

morning   afternoon   evening

thursday

DATE:

top priority
-
-
-

to do list

_____
_____
_____
_____
_____
_____
_____
_____
_____
_____

appointments

6 AM
7 AM
8 AM
9 AM
10 AM
11 AM
12 PM
1 PM
2 PM
3 PM
4 PM
5 PM
6 PM

morning   **afternoon**   **evening**

friday

DATE:

top priority

- [ ]
- [ ]
- [ ]

to do list

_____
_____
_____
_____
_____
_____
_____
_____
_____
_____
_____
_____

appointments

6 AM	
7 AM	
8 AM	
9 AM	
10 AM	
11 AM	
12 PM	
1 PM	
2 PM	
3 PM	
4 PM	
5 PM	
6 PM	

morning **afternoon** **evening**

saturday

DATE:

top priority
-
-
-

to do list

_____
_____
_____
_____
_____
_____
_____
_____
_____
_____
_____
_____

appointments

6 AM
7 AM
8 AM
9 AM
10 AM
11 AM
12 PM
1 PM
2 PM
3 PM
4 PM
5 PM
6 PM

morning **afternoon** **evening**

sunday

DATE:

top priority
-
-
-

to do list

appointments

6 AM
7 AM
8 AM
9 AM
10 AM
11 AM
12 PM
1 PM
2 PM
3 PM
4 PM
5 PM
6 PM

morning   **afternoon**   **evening**

INCOME TRACKER

Month: _____

Project/Product	Client/Source	Income $
▪ _____	_____	_____
▪ _____	_____	_____
▪ _____	_____	_____
▪ _____	_____	_____
▪ _____	_____	_____
▪ _____	_____	_____
▪ _____	_____	_____
▪ _____	_____	_____
▪ _____	_____	_____
▪ _____	_____	_____
▪ _____	_____	_____

Total Monthly Income

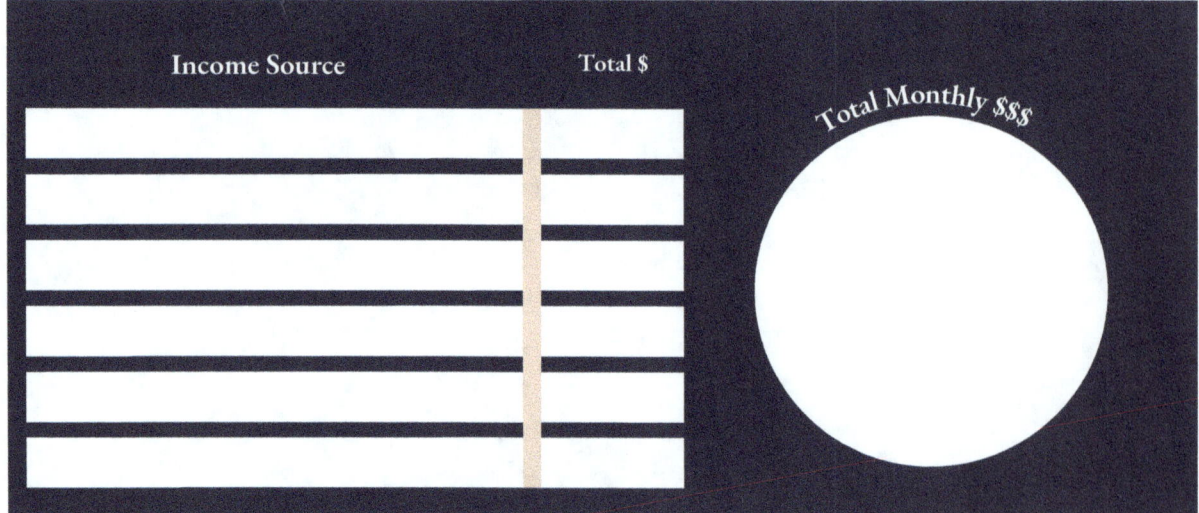

I am a lady in the streets, a boss in the boardroom, and a warrior in my war room!

monthly
PLANNER

MONTH:

Mon	Tues	Wed	Thur	Fri	Sat	Sun

NOTES

_____   _____
_____   _____
_____   _____
_____   _____
_____   _____

your business name

MONTHLY GOALS

What big goal do I want to accomplish this month (Big Picture)?

Personal Goals

- ☐ _____
- ☐ _____
- ☐ _____

Business & Career Goals

- ☐ _____
- ☐ _____
- ☐ _____

Money Goals

- ☐ _____
- ☐ _____
- ☐ _____

Health & Fitness Goals

- ☐ _____
- ☐ _____
- ☐ _____

WEEKLY To-Do's

date

Scripture Focus:

> Review of one's work is a Heavenly concept. Take a moment to review what went well this week, and what needs to improve for next week.

This Week's Wins:

Things to Work On:

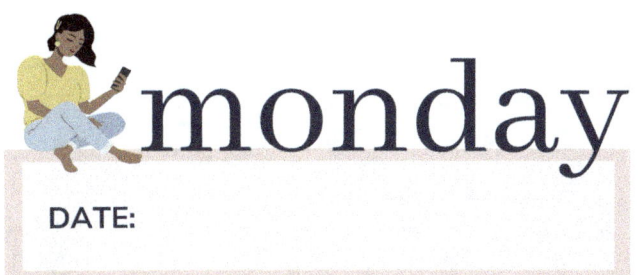
monday

DATE:

top priority
-
-
-

to do list

appointments

Time	
6 AM	
7 AM	
8 AM	
9 AM	
10 AM	
11 AM	
12 PM	
1 PM	
2 PM	
3 PM	
4 PM	
5 PM	
6 PM	

morning afternoon evening

tuesday

DATE:

top priority
-
-
-

to do list

appointments

6 AM
7 AM
8 AM
9 AM
10 AM
11 AM
12 PM
1 PM
2 PM
3 PM
4 PM
5 PM
6 PM

morning   **afternoon**   **evening**

wednesday

DATE:

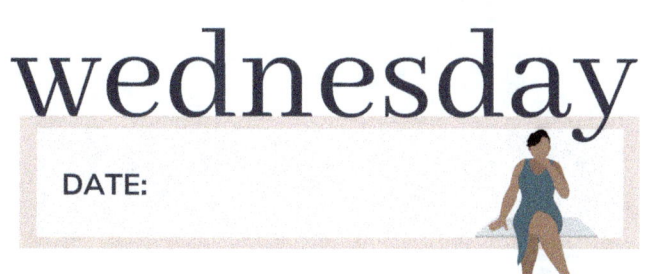

top priority
- ☐
- ☐
- ☐

to do list

_____
_____
_____
_____
_____
_____
_____
_____
_____
_____
_____
_____
_____

appointments

6 AM
7 AM
8 AM
9 AM
10 AM
11 AM
12 PM
1 PM
2 PM
3 PM
4 PM
5 PM
6 PM

morning **afternoon** **evening**

thursday

DATE:

top priority
-
-
-

to do list

_____
_____
_____
_____
_____
_____
_____
_____
_____
_____
_____

appointments

6 AM
7 AM
8 AM
9 AM
10 AM
11 AM
12 PM
1 PM
2 PM
3 PM
4 PM
5 PM
6 PM

morning **afternoon** **evening**

friday

DATE:

top priority

-
-
-

to do list

appointments

6 AM	
7 AM	
8 AM	
9 AM	
10 AM	
11 AM	
12 PM	
1 PM	
2 PM	
3 PM	
4 PM	
5 PM	
6 PM	

morning **afternoon** **evening**

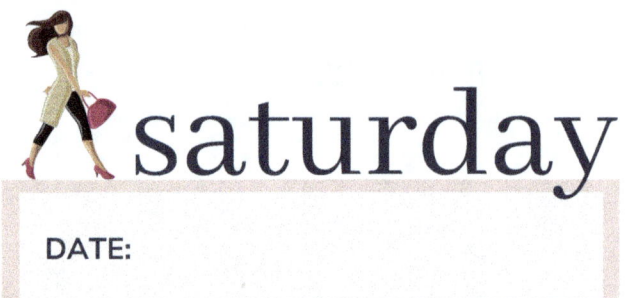# saturday

DATE:

top priority
-
-
-

to do list

appointments

6 AM	
7 AM	
8 AM	
9 AM	
10 AM	
11 AM	
12 PM	
1 PM	
2 PM	
3 PM	
4 PM	
5 PM	
6 PM	

morning   **afternoon**   **evening**

sunday

DATE:

top priority
-
-
-

to do list

_____
_____
_____
_____
_____
_____
_____
_____
_____
_____
_____
_____

appointments

Time	
6 AM	
7 AM	
8 AM	
9 AM	
10 AM	
11 AM	
12 PM	
1 PM	
2 PM	
3 PM	
4 PM	
5 PM	
6 PM	

morning **afternoon** **evening**

WEEKLY To-Do's

date

Scripture Focus:

> Review of one's work is a Heavenly concept. Take a moment to review what went well this week, and what needs to improve for next week.

This Week's Wins:

Things to Work On:

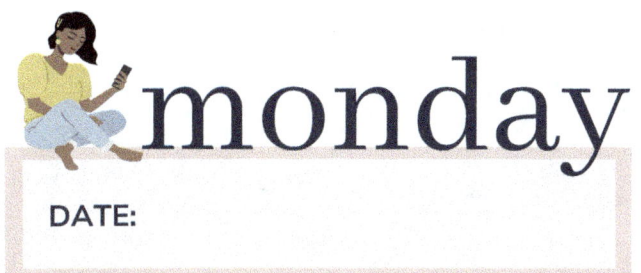
monday

DATE:

top priority
-
-
-

to do list

appointments

6 AM
7 AM
8 AM
9 AM
10 AM
11 AM
12 PM
1 PM
2 PM
3 PM
4 PM
5 PM
6 PM

morning · afternoon · evening

tuesday

DATE:

top priority
-
-
-

to do list

_____
_____
_____
_____
_____
_____
_____
_____
_____
_____

appointments

6 AM	
7 AM	
8 AM	
9 AM	
10 AM	
11 AM	
12 PM	
1 PM	
2 PM	
3 PM	
4 PM	
5 PM	
6 PM	

morning　　　　**afternoon**　　　　**evening**

wednesday

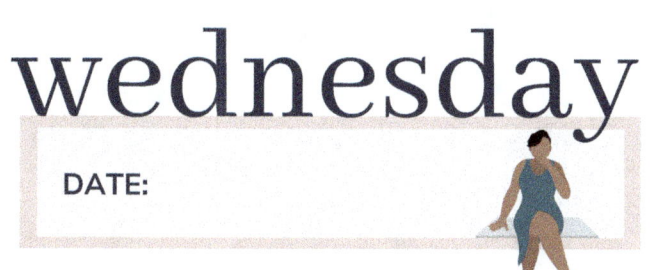

DATE:

top priority
-
-
-

to do list

_____
_____
_____
_____
_____
_____
_____
_____
_____
_____
_____
_____

appointments

6 AM	
7 AM	
8 AM	
9 AM	
10 AM	
11 AM	
12 PM	
1 PM	
2 PM	
3 PM	
4 PM	
5 PM	
6 PM	

morning   **afternoon**   **evening**

thursday

DATE:

top priority
-
-
-

to do list

_____
_____
_____
_____
_____
_____
_____
_____
_____
_____

appointments

6 AM
7 AM
8 AM
9 AM
10 AM
11 AM
12 PM
1 PM
2 PM
3 PM
4 PM
5 PM
6 PM

morning afternoon evening

friday

DATE:

top priority
-
-
-

to do list

_____
_____
_____
_____
_____
_____
_____
_____
_____
_____
_____
_____

appointments

6 AM	
7 AM	
8 AM	
9 AM	
10 AM	
11 AM	
12 PM	
1 PM	
2 PM	
3 PM	
4 PM	
5 PM	
6 PM	

morning   afternoon   evening

saturday

DATE:

top priority
-
-
-

to do list

appointments

6 AM	
7 AM	
8 AM	
9 AM	
10 AM	
11 AM	
12 PM	
1 PM	
2 PM	
3 PM	
4 PM	
5 PM	
6 PM	

morning   **afternoon**   **evening**

sunday

DATE:

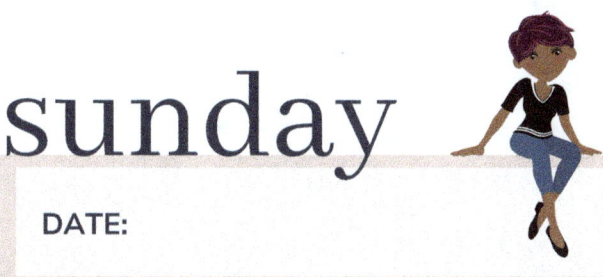

top priority
-
-
-

to do list

_____
_____
_____
_____
_____
_____
_____
_____
_____
_____
_____
_____

appointments

6 AM	
7 AM	
8 AM	
9 AM	
10 AM	
11 AM	
12 PM	
1 PM	
2 PM	
3 PM	
4 PM	
5 PM	
6 PM	

morning   **afternoon**   **evening**

WEEKLY To-Do's

date

Scripture Focus:

> Review of one's work is a Heavenly concept. Take a moment to review what went well this week, and what needs to improve for next week.

This Week's Wins:

Things to Work On:

monday

DATE:

top priority
-
-
-

to do list

appointments

6 AM
7 AM
8 AM
9 AM
10 AM
11 AM
12 PM
1 PM
2 PM
3 PM
4 PM
5 PM
6 PM

morning   afternoon   evening

tuesday

DATE:

top priority
-
-
-

to do list

_____
_____
_____
_____
_____
_____
_____
_____
_____
_____
_____
_____

appointments

6 AM
7 AM
8 AM
9 AM
10 AM
11 AM
12 PM
1 PM
2 PM
3 PM
4 PM
5 PM
6 PM

morning   afternoon   evening

wednesday

DATE:

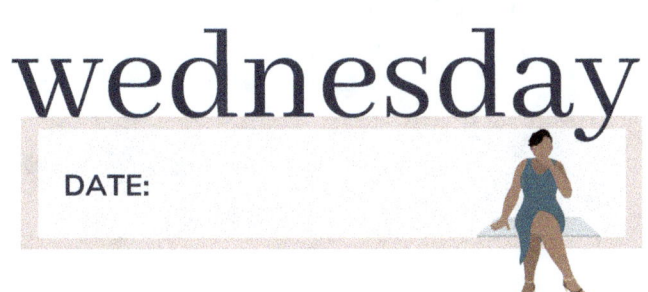

top priority
-
-
-

to do list

_____
_____
_____
_____
_____
_____
_____
_____
_____
_____
_____
_____

appointments

6 AM	
7 AM	
8 AM	
9 AM	
10 AM	
11 AM	
12 PM	
1 PM	
2 PM	
3 PM	
4 PM	
5 PM	
6 PM	

morning **afternoon** **evening**

thursday

DATE:

top priority
-
-
-

to do list

appointments

6 AM
7 AM
8 AM
9 AM
10 AM
11 AM
12 PM
1 PM
2 PM
3 PM
4 PM
5 PM
6 PM

morning · afternoon · evening

friday

DATE:

top priority
-
-
-

to do list

appointments

Time	
6 AM	
7 AM	
8 AM	
9 AM	
10 AM	
11 AM	
12 PM	
1 PM	
2 PM	
3 PM	
4 PM	
5 PM	
6 PM	

morning   afternoon   evening

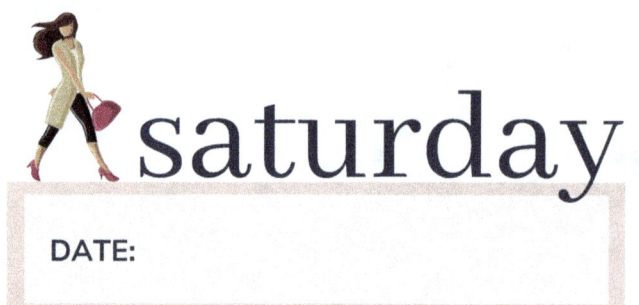# saturday

DATE:

top priority
-
-
-

to do list

_____
_____
_____
_____
_____
_____
_____
_____
_____
_____
_____
_____

appointments

6 AM	
7 AM	
8 AM	
9 AM	
10 AM	
11 AM	
12 PM	
1 PM	
2 PM	
3 PM	
4 PM	
5 PM	
6 PM	

morning   **afternoon**   **evening**

sunday

DATE:

top priority
-
-
-

to do list

_____
_____
_____
_____
_____
_____
_____
_____
_____
_____
_____

appointments

Time	
6 AM	
7 AM	
8 AM	
9 AM	
10 AM	
11 AM	
12 PM	
1 PM	
2 PM	
3 PM	
4 PM	
5 PM	
6 PM	

morning **afternoon** **evening**

WEEKLY To-Do's

date

Scripture Focus:

> Review of one's work is a Heavenly concept. Take a moment to review what went well this week, and what needs to improve for next week.

This Week's Wins:

Things to Work On:

monday

DATE:

top priority

- [ ]
- [ ]
- [ ]

to do list

appointments

6 AM	
7 AM	
8 AM	
9 AM	
10 AM	
11 AM	
12 PM	
1 PM	
2 PM	
3 PM	
4 PM	
5 PM	
6 PM	

morning   **afternoon**   **evening**

tuesday

DATE:

top priority
-
-
-

to do list

appointments

6 AM	
7 AM	
8 AM	
9 AM	
10 AM	
11 AM	
12 PM	
1 PM	
2 PM	
3 PM	
4 PM	
5 PM	
6 PM	

morning afternoon evening

wednesday

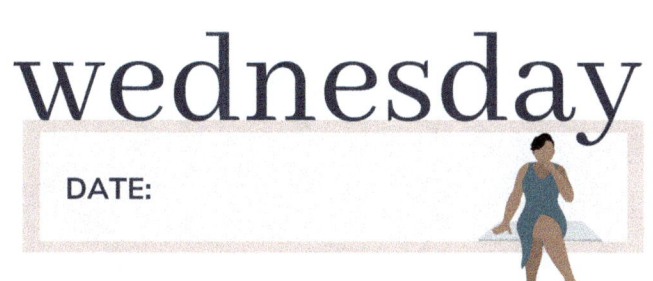

DATE:

top priority
-
-
-

to do list

_____
_____
_____
_____
_____
_____
_____
_____
_____
_____
_____

appointments

6 AM
7 AM
8 AM
9 AM
10 AM
11 AM
12 PM
1 PM
2 PM
3 PM
4 PM
5 PM
6 PM

morning   **afternoon**   **evening**

thursday

DATE:

top priority
-
-
-

to do list

appointments

6 AM	
7 AM	
8 AM	
9 AM	
10 AM	
11 AM	
12 PM	
1 PM	
2 PM	
3 PM	
4 PM	
5 PM	
6 PM	

morning   **afternoon**   **evening**

friday

DATE:

top priority
-
-
-

to do list

appointments

6 AM	
7 AM	
8 AM	
9 AM	
10 AM	
11 AM	
12 PM	
1 PM	
2 PM	
3 PM	
4 PM	
5 PM	
6 PM	

morning   **afternoon**   **evening**

saturday

DATE:

top priority
-
-
-

to do list

appointments

6 AM	
7 AM	
8 AM	
9 AM	
10 AM	
11 AM	
12 PM	
1 PM	
2 PM	
3 PM	
4 PM	
5 PM	
6 PM	

morning   afternoon   evening

sunday

DATE:

top priority
-
-
-

to do list

_____
_____
_____
_____
_____
_____
_____
_____
_____
_____
_____
_____
_____

appointments

6 AM
7 AM
8 AM
9 AM
10 AM
11 AM
12 PM
1 PM
2 PM
3 PM
4 PM
5 PM
6 PM

morning   afternoon   evening

INCOME TRACKER

Month: _____

Project/Product	Client/Source	Income $
▪ _____	_____	_____
▪ _____	_____	_____
▪ _____	_____	_____
▪ _____	_____	_____
▪ _____	_____	_____
▪ _____	_____	_____
▪ _____	_____	_____
▪ _____	_____	_____
▪ _____	_____	_____
▪ _____	_____	_____
▪ _____	_____	_____

Total Monthly Income

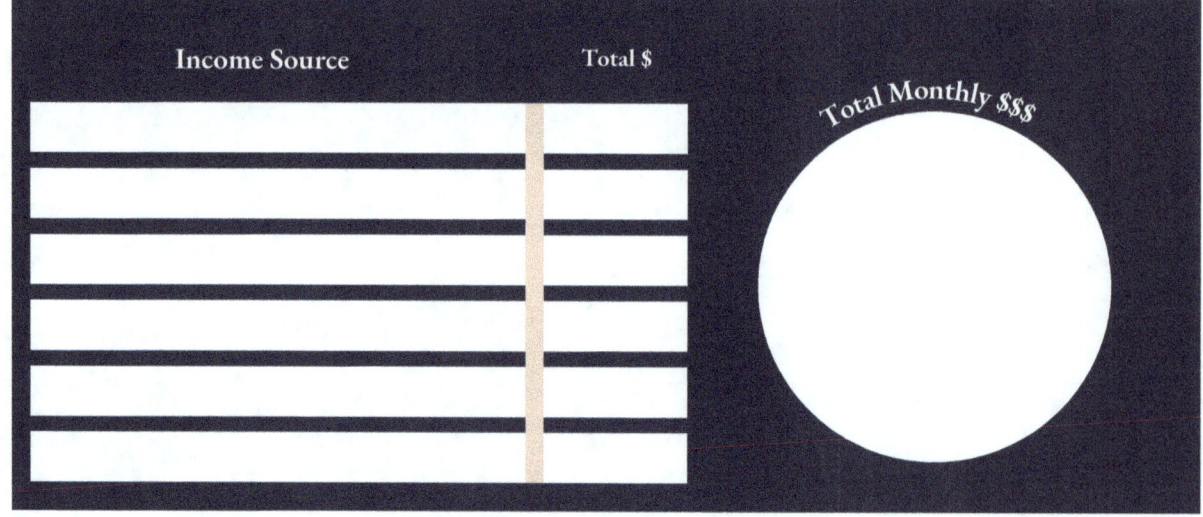

Income Source | Total $

Total Monthly $$$

monthly
PLANNER

MONTH:

Mon	Tues	Wed	Thur	Fri	Sat	Sun

NOTES

MONTHLY GOALS

What big goal do I want to accomplish this month (Big Picture)?

Personal Goals

- ☐ _____
- ☐ _____
- ☐ _____

Business & Career Goals

- ☐ _____
- ☐ _____
- ☐ _____

Money Goals

- ☐ _____
- ☐ _____
- ☐ _____

Health & Fitness Goals

- ☐ _____
- ☐ _____
- ☐ _____

WEEKLY To-Do's

date

Scripture Focus:

> Review of one's work is a Heavenly concept. Take a moment to review what went well this week, and what needs to improve for next week.

This Week's Wins:

Things to Work On:

monday

DATE:

top priority
-
-
-

to do list

_____
_____
_____
_____
_____
_____
_____
_____
_____
_____

appointments

6 AM	
7 AM	
8 AM	
9 AM	
10 AM	
11 AM	
12 PM	
1 PM	
2 PM	
3 PM	
4 PM	
5 PM	
6 PM	

morning **afternoon** **evening**

tuesday

DATE:

top priority

-
-
-

to do list

appointments

6 AM	
7 AM	
8 AM	
9 AM	
10 AM	
11 AM	
12 PM	
1 PM	
2 PM	
3 PM	
4 PM	
5 PM	
6 PM	

morning   afternoon   evening

wednesday

DATE:

top priority
-
-
-

to do list

appointments

6 AM	
7 AM	
8 AM	
9 AM	
10 AM	
11 AM	
12 PM	
1 PM	
2 PM	
3 PM	
4 PM	
5 PM	
6 PM	

morning   **afternoon**   **evening**

thursday

DATE:

top priority
- [ ]
- [ ]
- [ ]

to do list

appointments

6 AM	
7 AM	
8 AM	
9 AM	
10 AM	
11 AM	
12 PM	
1 PM	
2 PM	
3 PM	
4 PM	
5 PM	
6 PM	

morning   afternoon   evening

friday

DATE:

top priority
-
-
-

to do list

appointments

6 AM	
7 AM	
8 AM	
9 AM	
10 AM	
11 AM	
12 PM	
1 PM	
2 PM	
3 PM	
4 PM	
5 PM	
6 PM	

morning **afternoon** **evening**

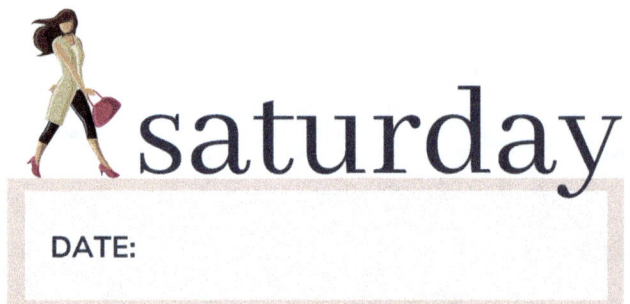

saturday

DATE:

top priority
-
-
-

to do list

appointments

6 AM	
7 AM	
8 AM	
9 AM	
10 AM	
11 AM	
12 PM	
1 PM	
2 PM	
3 PM	
4 PM	
5 PM	
6 PM	

morning   afternoon   evening

sunday

DATE:

top priority
-
-
-

to do list

_____
_____
_____
_____
_____
_____
_____
_____
_____
_____
_____

appointments

6 AM
7 AM
8 AM
9 AM
10 AM
11 AM
12 PM
1 PM
2 PM
3 PM
4 PM
5 PM
6 PM

morning   **afternoon**   **evening**

WEEKLY To-Do's

date

Scripture Focus:

> Review of one's work is a Heavenly concept. Take a moment to review what went well this week, and what needs to improve for next week.

This Week's Wins:

Things to Work On:

monday

DATE:

top priority
- ☐
- ☐
- ☐

to do list

_____
_____
_____
_____
_____
_____
_____
_____
_____
_____
_____

appointments

6 AM	
7 AM	
8 AM	
9 AM	
10 AM	
11 AM	
12 PM	
1 PM	
2 PM	
3 PM	
4 PM	
5 PM	
6 PM	

morning **afternoon** **evening**

tuesday

DATE:

top priority
-
-
-

to do list

_____
_____
_____
_____
_____
_____
_____
_____
_____
_____

appointments

6 AM	
7 AM	
8 AM	
9 AM	
10 AM	
11 AM	
12 PM	
1 PM	
2 PM	
3 PM	
4 PM	
5 PM	
6 PM	

morning **afternoon** **evening**

wednesday

DATE:

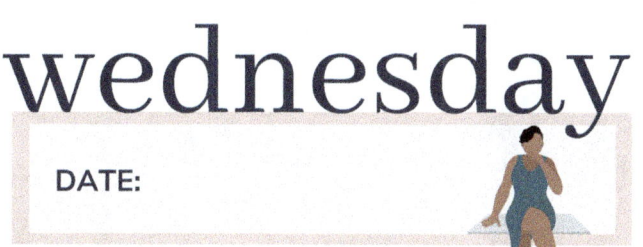

top priority
-
-
-

to do list

appointments

6 AM	
7 AM	
8 AM	
9 AM	
10 AM	
11 AM	
12 PM	
1 PM	
2 PM	
3 PM	
4 PM	
5 PM	
6 PM	

morning   **afternoon**   **evening**

thursday

DATE:

top priority
-
-
-

to do list

appointments

6 AM	
7 AM	
8 AM	
9 AM	
10 AM	
11 AM	
12 PM	
1 PM	
2 PM	
3 PM	
4 PM	
5 PM	
6 PM	

morning   **afternoon**   **evening**

friday

DATE:

top priority
-
-
-

to do list

_____
_____
_____
_____
_____
_____
_____
_____
_____
_____
_____
_____

appointments

6 AM	
7 AM	
8 AM	
9 AM	
10 AM	
11 AM	
12 PM	
1 PM	
2 PM	
3 PM	
4 PM	
5 PM	
6 PM	

morning   **afternoon**   **evening**

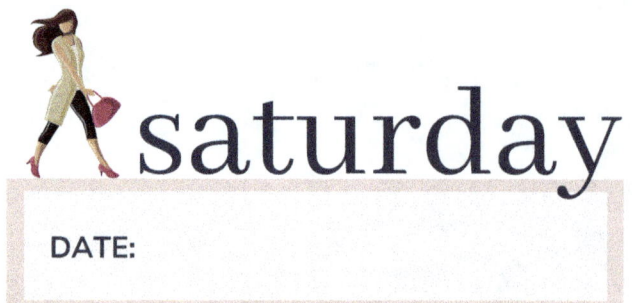

saturday

DATE:

top priority
-
-
-

to do list

appointments

6 AM
7 AM
8 AM
9 AM
10 AM
11 AM
12 PM
1 PM
2 PM
3 PM
4 PM
5 PM
6 PM

morning afternoon evening

sunday

DATE:

top priority
-
-
-

to do list

_____
_____
_____
_____
_____
_____
_____
_____
_____
_____
_____
_____

appointments

6 AM	
7 AM	
8 AM	
9 AM	
10 AM	
11 AM	
12 PM	
1 PM	
2 PM	
3 PM	
4 PM	
5 PM	
6 PM	

morning   **afternoon**   **evening**

WEEKLY To-Do's

date

Scripture Focus:

> Review of one's work is a Heavenly concept. Take a moment to review what went well this week, and what needs to improve for next week.

This Week's Wins:

Things to Work On:

monday

DATE:

top priority
-
-
-

to do list

_____
_____
_____
_____
_____
_____
_____
_____
_____
_____

appointments

6 AM	
7 AM	
8 AM	
9 AM	
10 AM	
11 AM	
12 PM	
1 PM	
2 PM	
3 PM	
4 PM	
5 PM	
6 PM	

morning　　　**afternoon**　　　**evening**

tuesday

DATE:

top priority
-
-
-

to do list

appointments

6 AM	
7 AM	
8 AM	
9 AM	
10 AM	
11 AM	
12 PM	
1 PM	
2 PM	
3 PM	
4 PM	
5 PM	
6 PM	

morning   **afternoon**   **evening**

wednesday

DATE:

top priority
-
-
-

to do list

_____
_____
_____
_____
_____
_____
_____
_____
_____
_____
_____

appointments

6 AM	
7 AM	
8 AM	
9 AM	
10 AM	
11 AM	
12 PM	
1 PM	
2 PM	
3 PM	
4 PM	
5 PM	
6 PM	

morning   **afternoon**   **evening**

thursday

DATE:

top priority
- ☐
- ☐
- ☐

to do list

_____
_____
_____
_____
_____
_____
_____
_____
_____
_____
_____
_____

appointments

6 AM	
7 AM	
8 AM	
9 AM	
10 AM	
11 AM	
12 PM	
1 PM	
2 PM	
3 PM	
4 PM	
5 PM	
6 PM	

morning   **afternoon**   **evening**

friday

DATE:

top priority

-
-
-

to do list

_____
_____
_____
_____
_____
_____
_____
_____
_____
_____
_____
_____
_____

appointments

6 AM	
7 AM	
8 AM	
9 AM	
10 AM	
11 AM	
12 PM	
1 PM	
2 PM	
3 PM	
4 PM	
5 PM	
6 PM	

morning   **afternoon**   **evening**

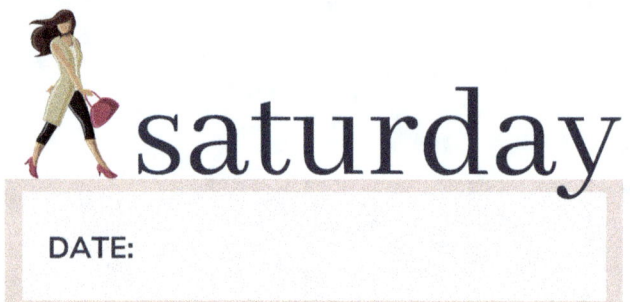
saturday

DATE:

top priority
-
-
-

to do list

appointments

6 AM	
7 AM	
8 AM	
9 AM	
10 AM	
11 AM	
12 PM	
1 PM	
2 PM	
3 PM	
4 PM	
5 PM	
6 PM	

morning afternoon evening

sunday

DATE:

top priority
-
-
-

to do list

_____
_____
_____
_____
_____
_____
_____
_____
_____
_____
_____
_____

appointments

Time	
6 AM	
7 AM	
8 AM	
9 AM	
10 AM	
11 AM	
12 PM	
1 PM	
2 PM	
3 PM	
4 PM	
5 PM	
6 PM	

morning   **afternoon**   **evening**

WEEKLY To-Do's

date

Scripture Focus:

> Review of one's work is a Heavenly concept. Take a moment to review what went well this week, and what needs to improve for next week.

This Week's Wins:

Things to Work On:

monday

DATE:

top priority

-
-
-

to do list

_____
_____
_____
_____
_____
_____
_____
_____
_____
_____
_____
_____
_____

appointments

Time	
6 AM	
7 AM	
8 AM	
9 AM	
10 AM	
11 AM	
12 PM	
1 PM	
2 PM	
3 PM	
4 PM	
5 PM	
6 PM	

morning   **afternoon**   **evening**

tuesday

DATE:

top priority
-
-
-

to do list

appointments

Time	
6 AM	
7 AM	
8 AM	
9 AM	
10 AM	
11 AM	
12 PM	
1 PM	
2 PM	
3 PM	
4 PM	
5 PM	
6 PM	

morning afternoon evening

wednesday

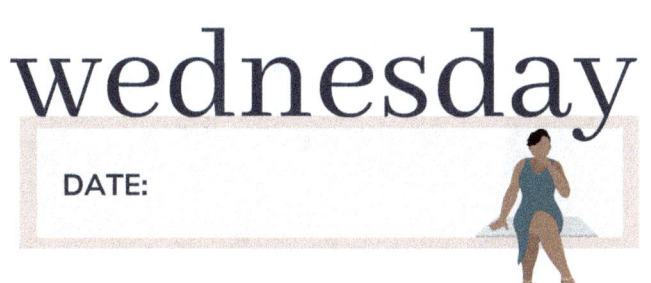

DATE:

top priority
-
-
-

to do list

_____
_____
_____
_____
_____
_____
_____
_____
_____
_____
_____
_____
_____

appointments

6 AM	
7 AM	
8 AM	
9 AM	
10 AM	
11 AM	
12 PM	
1 PM	
2 PM	
3 PM	
4 PM	
5 PM	
6 PM	

morning   afternoon   evening

thursday

DATE:

top priority
-
-
-

to do list

_____
_____
_____
_____
_____
_____
_____
_____
_____
_____
_____

appointments

Time	
6 AM	
7 AM	
8 AM	
9 AM	
10 AM	
11 AM	
12 PM	
1 PM	
2 PM	
3 PM	
4 PM	
5 PM	
6 PM	

morning   **afternoon**   **evening**

friday

DATE:

top priority
-
-
-

to do list

_____
_____
_____
_____
_____
_____
_____
_____
_____
_____
_____
_____

appointments

6 AM	
7 AM	
8 AM	
9 AM	
10 AM	
11 AM	
12 PM	
1 PM	
2 PM	
3 PM	
4 PM	
5 PM	
6 PM	

morning   **afternoon**   **evening**

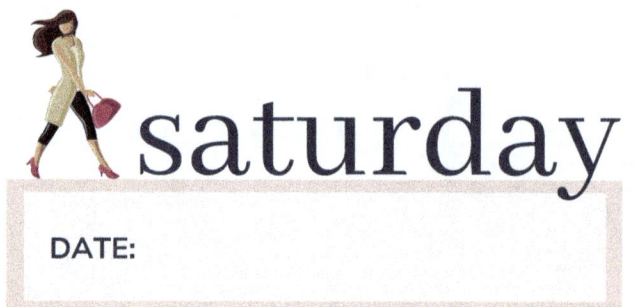

saturday

DATE:

top priority
-
-
-

to do list

appointments

6 AM	
7 AM	
8 AM	
9 AM	
10 AM	
11 AM	
12 PM	
1 PM	
2 PM	
3 PM	
4 PM	
5 PM	
6 PM	

morning   afternoon   evening

sunday

DATE:

top priority
-
-
-

to do list

_____
_____
_____
_____
_____
_____
_____
_____
_____
_____
_____

appointments

6 AM
7 AM
8 AM
9 AM
10 AM
11 AM
12 PM
1 PM
2 PM
3 PM
4 PM
5 PM
6 PM

morning   **afternoon**   **evening**

INCOME TRACKER

Month: _____

Project/Product	Client/Source	Income $
☐ _____	_____	_____
☐ _____	_____	_____
☐ _____	_____	_____
☐ _____	_____	_____
☐ _____	_____	_____
☐ _____	_____	_____
☐ _____	_____	_____
☐ _____	_____	_____
☐ _____	_____	_____
☐ _____	_____	_____
☐ _____	_____	_____

Total Monthly Income

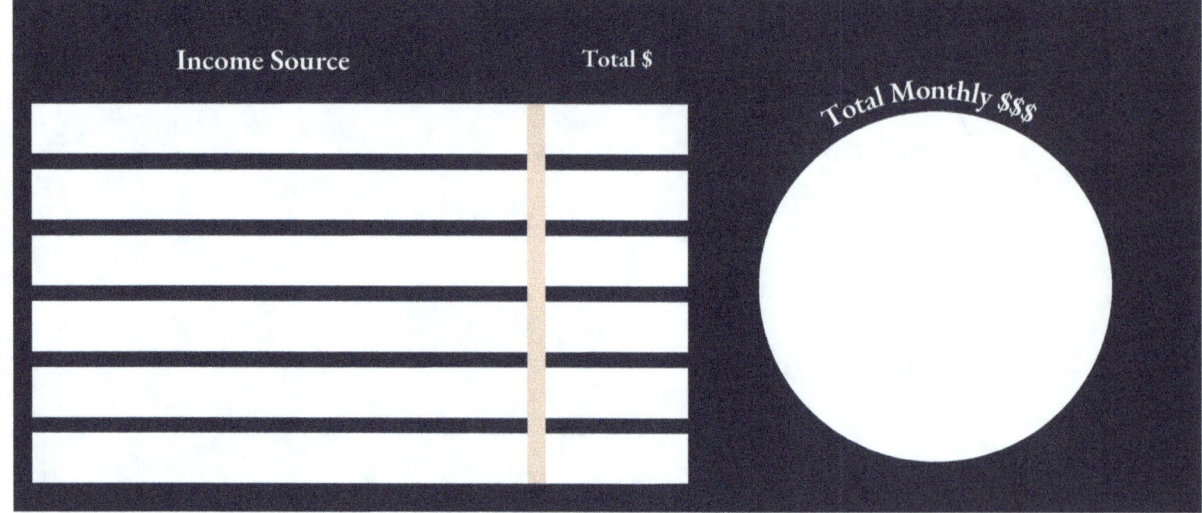

monthly
PLANNER

MONTH:

Mon	Tues	Wed	Thur	Fri	Sat	Sun

NOTES

_____   _____
_____   _____
_____   _____
_____   _____

your business name

MONTHLY GOALS

What big goal do I want to accomplish this month (Big Picture)?

Personal Goals

- [ ] _____
- [ ] _____
- [ ] _____

Business & Career Goals

- [ ] _____
- [ ] _____
- [ ] _____

Money Goals

- [ ] _____
- [ ] _____
- [ ] _____

Health & Fitness Goals

- [ ] _____
- [ ] _____
- [ ] _____

WEEKLY To-Do's

date

Scripture Focus:

> Review of one's work is a Heavenly concept. Take a moment to review what went well this week, and what needs to improve for next week.

This Week's Wins:

Things to Work On:

monday

DATE:

top priority
-
-
-

to do list

_____
_____
_____
_____
_____
_____
_____
_____
_____
_____
_____
_____

appointments

6 AM	
7 AM	
8 AM	
9 AM	
10 AM	
11 AM	
12 PM	
1 PM	
2 PM	
3 PM	
4 PM	
5 PM	
6 PM	

morning   **afternoon**   **evening**

tuesday

DATE:

top priority
- ☐
- ☐
- ☐

to do list

_____
_____
_____
_____
_____
_____
_____
_____
_____
_____
_____
_____

appointments

6 AM
7 AM
8 AM
9 AM
10 AM
11 AM
12 PM
1 PM
2 PM
3 PM
4 PM
5 PM
6 PM

morning   afternoon   evening

wednesday

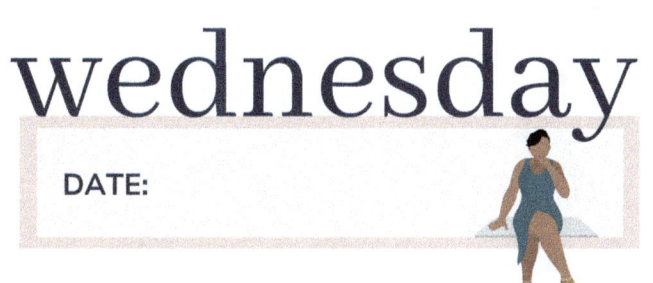

DATE:

top priority

-
-
-

to do list

_____
_____
_____
_____
_____
_____
_____
_____
_____
_____
_____
_____

appointments

6 AM	
7 AM	
8 AM	
9 AM	
10 AM	
11 AM	
12 PM	
1 PM	
2 PM	
3 PM	
4 PM	
5 PM	
6 PM	

morning   **afternoon**   **evening**

thursday

DATE:

top priority
-
-
-

to do list

_____
_____
_____
_____
_____
_____
_____
_____
_____
_____
_____
_____

appointments

6 AM
7 AM
8 AM
9 AM
10 AM
11 AM
12 PM
1 PM
2 PM
3 PM
4 PM
5 PM
6 PM

morning   **afternoon**   **evening**

friday

DATE:

top priority
-
-
-

to do list

appointments

6 AM	
7 AM	
8 AM	
9 AM	
10 AM	
11 AM	
12 PM	
1 PM	
2 PM	
3 PM	
4 PM	
5 PM	
6 PM	

morning **afternoon** **evening**

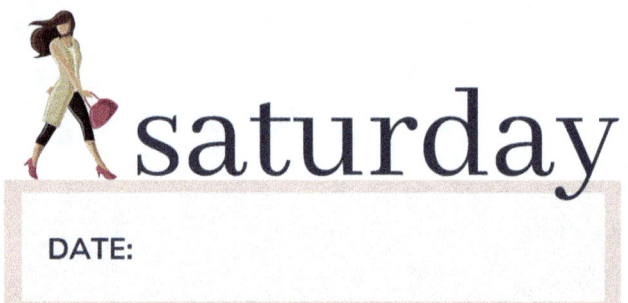

saturday

DATE:

top priority
-
-
-

to do list

appointments

6 AM	
7 AM	
8 AM	
9 AM	
10 AM	
11 AM	
12 PM	
1 PM	
2 PM	
3 PM	
4 PM	
5 PM	
6 PM	

morning   **afternoon**   **evening**

sunday

DATE:

top priority
-
-
-

to do list

appointments

6 AM	
7 AM	
8 AM	
9 AM	
10 AM	
11 AM	
12 PM	
1 PM	
2 PM	
3 PM	
4 PM	
5 PM	
6 PM	

morning **afternoon** **evening**

WEEKLY To-Do's

date

Scripture Focus:

> Review of one's work is a Heavenly concept. Take a moment to review what went well this week, and what needs to improve for next week.

This Week's Wins:

Things to Work On:

monday

DATE:

top priority
-
-
-

to do list

appointments

6 AM
7 AM
8 AM
9 AM
10 AM
11 AM
12 PM
1 PM
2 PM
3 PM
4 PM
5 PM
6 PM

morning   **afternoon**   **evening**

tuesday

DATE:

top priority
-
-
-

to do list

appointments

6 AM	
7 AM	
8 AM	
9 AM	
10 AM	
11 AM	
12 PM	
1 PM	
2 PM	
3 PM	
4 PM	
5 PM	
6 PM	

morning   **afternoon**   **evening**

wednesday

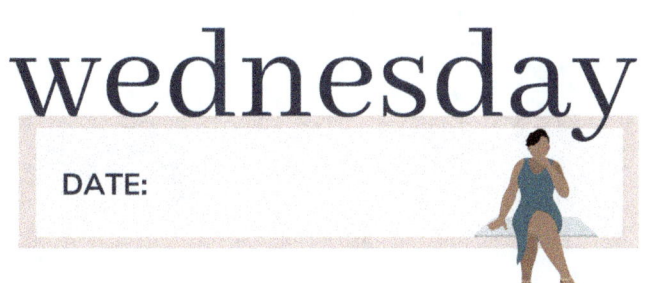

DATE:

top priority
-
-
-

to do list

_____
_____
_____
_____
_____
_____
_____
_____
_____
_____
_____
_____

appointments

6 AM _____
7 AM _____
8 AM _____
9 AM _____
10 AM _____
11 AM _____
12 PM _____
1 PM _____
2 PM _____
3 PM _____
4 PM _____
5 PM _____
6 PM _____

morning   **afternoon**   **evening**

thursday

DATE:

top priority

-
-
-

to do list

_____
_____
_____
_____
_____
_____
_____
_____
_____
_____

appointments

6 AM	
7 AM	
8 AM	
9 AM	
10 AM	
11 AM	
12 PM	
1 PM	
2 PM	
3 PM	
4 PM	
5 PM	
6 PM	

morning **afternoon** **evening**

friday

DATE:

top priority
-
-
-

to do list

_____
_____
_____
_____
_____
_____
_____
_____
_____
_____
_____
_____

appointments

6 AM _____
7 AM _____
8 AM _____
9 AM _____
10 AM _____
11 AM _____
12 PM _____
1 PM _____
2 PM _____
3 PM _____
4 PM _____
5 PM _____
6 PM _____

morning   **afternoon**   **evening**

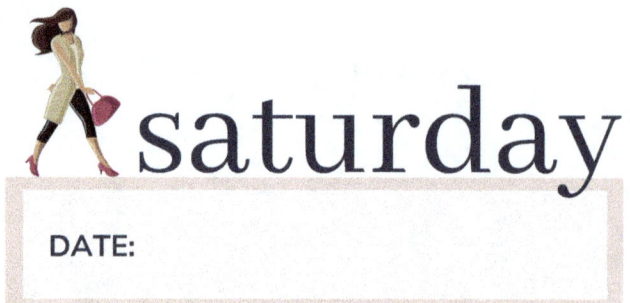

saturday

DATE:

top priority
-
-
-

to do list

_____
_____
_____
_____
_____
_____
_____
_____
_____
_____
_____

appointments

6 AM	
7 AM	
8 AM	
9 AM	
10 AM	
11 AM	
12 PM	
1 PM	
2 PM	
3 PM	
4 PM	
5 PM	
6 PM	

morning   **afternoon**   **evening**

sunday

DATE:

top priority
-
-
-

to do list

_____
_____
_____
_____
_____
_____
_____
_____
_____
_____
_____
_____

appointments

Time	
6 AM	
7 AM	
8 AM	
9 AM	
10 AM	
11 AM	
12 PM	
1 PM	
2 PM	
3 PM	
4 PM	
5 PM	
6 PM	

morning **afternoon** **evening**

WEEKLY To-Do's

date

Scripture Focus:

> Review of one's work is a Heavenly concept. Take a moment to review what went well this week, and what needs to improve for next week.

This Week's Wins:

Things to Work On:

monday

DATE:

top priority
-
-
-

to do list

appointments

6 AM	
7 AM	
8 AM	
9 AM	
10 AM	
11 AM	
12 PM	
1 PM	
2 PM	
3 PM	
4 PM	
5 PM	
6 PM	

morning **afternoon** **evening**

tuesday

DATE:

top priority
-
-
-

to do list

appointments

6 AM	
7 AM	
8 AM	
9 AM	
10 AM	
11 AM	
12 PM	
1 PM	
2 PM	
3 PM	
4 PM	
5 PM	
6 PM	

morning　　　　**afternoon**　　　　**evening**

wednesday

DATE:

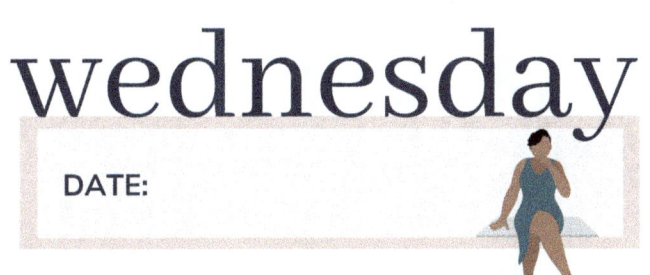

top priority
-
-
-

to do list

_____
_____
_____
_____
_____
_____
_____
_____
_____
_____
_____
_____

appointments

6 AM	
7 AM	
8 AM	
9 AM	
10 AM	
11 AM	
12 PM	
1 PM	
2 PM	
3 PM	
4 PM	
5 PM	
6 PM	

morning   **afternoon**   **evening**

thursday

DATE:

top priority
- [ ]
- [ ]
- [ ]

to do list

appointments

6 AM
7 AM
8 AM
9 AM
10 AM
11 AM
12 PM
1 PM
2 PM
3 PM
4 PM
5 PM
6 PM

morning   afternoon   evening

friday

DATE:

top priority
-
-
-

to do list

_____
_____
_____
_____
_____
_____
_____
_____
_____
_____
_____
_____

appointments

6 AM	
7 AM	
8 AM	
9 AM	
10 AM	
11 AM	
12 PM	
1 PM	
2 PM	
3 PM	
4 PM	
5 PM	
6 PM	

morning   **afternoon**   **evening**

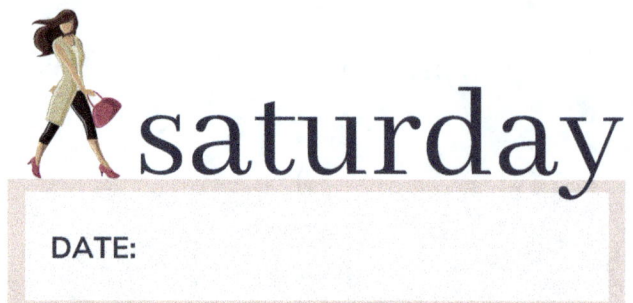

saturday

DATE:

top priority
- ☐
- ☐
- ☐

to do list

_____
_____
_____
_____
_____
_____
_____
_____
_____
_____
_____
_____

appointments

6 AM	
7 AM	
8 AM	
9 AM	
10 AM	
11 AM	
12 PM	
1 PM	
2 PM	
3 PM	
4 PM	
5 PM	
6 PM	

morning **afternoon** **evening**

sunday

DATE:

top priority
-
-
-

to do list

appointments

6 AM
7 AM
8 AM
9 AM
10 AM
11 AM
12 PM
1 PM
2 PM
3 PM
4 PM
5 PM
6 PM

morning   afternoon   evening

WEEKLY To-Do's

date

Scripture Focus:

> Review of one's work is a Heavenly concept. Take a moment to review what went well this week, and what needs to improve for next week.

This Week's Wins:

Things to Work On:

monday

DATE:

top priority
-
-
-

to do list

_____
_____
_____
_____
_____
_____
_____
_____
_____
_____
_____
_____
_____

appointments

Time	
6 AM	
7 AM	
8 AM	
9 AM	
10 AM	
11 AM	
12 PM	
1 PM	
2 PM	
3 PM	
4 PM	
5 PM	
6 PM	

morning   **afternoon**   **evening**

tuesday

DATE:

top priority
-
-
-

to do list

_____
_____
_____
_____
_____
_____
_____
_____
_____
_____
_____
_____

appointments

6 AM
7 AM
8 AM
9 AM
10 AM
11 AM
12 PM
1 PM
2 PM
3 PM
4 PM
5 PM
6 PM

morning   **afternoon**   **evening**

wednesday

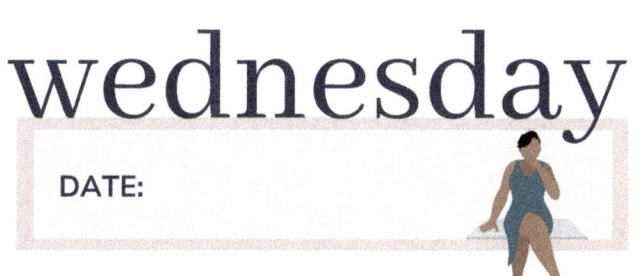

DATE:

top priority
-
-
-

to do list

appointments

6 AM	
7 AM	
8 AM	
9 AM	
10 AM	
11 AM	
12 PM	
1 PM	
2 PM	
3 PM	
4 PM	
5 PM	
6 PM	

morning   afternoon   evening

thursday

DATE:

top priority

-
-
-

to do list

appointments

6 AM
7 AM
8 AM
9 AM
10 AM
11 AM
12 PM
1 PM
2 PM
3 PM
4 PM
5 PM
6 PM

morning   **afternoon**   **evening**

friday

DATE:

top priority
-
-
-

to do list

_____
_____
_____
_____
_____
_____
_____
_____
_____
_____
_____
_____
_____

appointments

6 AM
7 AM
8 AM
9 AM
10 AM
11 AM
12 PM
1 PM
2 PM
3 PM
4 PM
5 PM
6 PM

morning **afternoon** **evening**

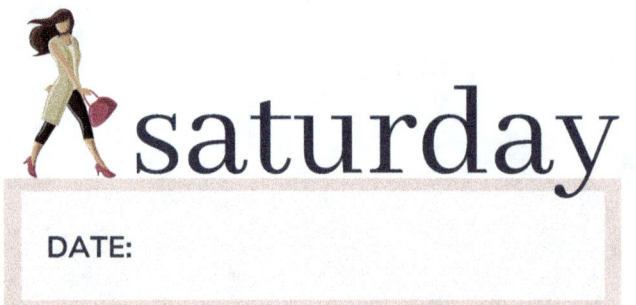
saturday

DATE:

top priority
- ☐
- ☐
- ☐

to do list

_____
_____
_____
_____
_____
_____
_____
_____
_____
_____
_____

appointments

6 AM
7 AM
8 AM
9 AM
10 AM
11 AM
12 PM
1 PM
2 PM
3 PM
4 PM
5 PM
6 PM

morning　　　**afternoon**　　　**evening**

sunday

DATE:

top priority

- [ ]
- [ ]
- [ ]

to do list

appointments

6 AM	
7 AM	
8 AM	
9 AM	
10 AM	
11 AM	
12 PM	
1 PM	
2 PM	
3 PM	
4 PM	
5 PM	
6 PM	

morning   **afternoon**   **evening**

INCOME TRACKER

Month: _____

	Project/Product	Client/Source	Income $
☐	_____	_____	_____
☐	_____	_____	_____
☐	_____	_____	_____
☐	_____	_____	_____
☐	_____	_____	_____
☐	_____	_____	_____
☐	_____	_____	_____
☐	_____	_____	_____
☐	_____	_____	_____
☐	_____	_____	_____
☐	_____	_____	_____

Total Monthly Income

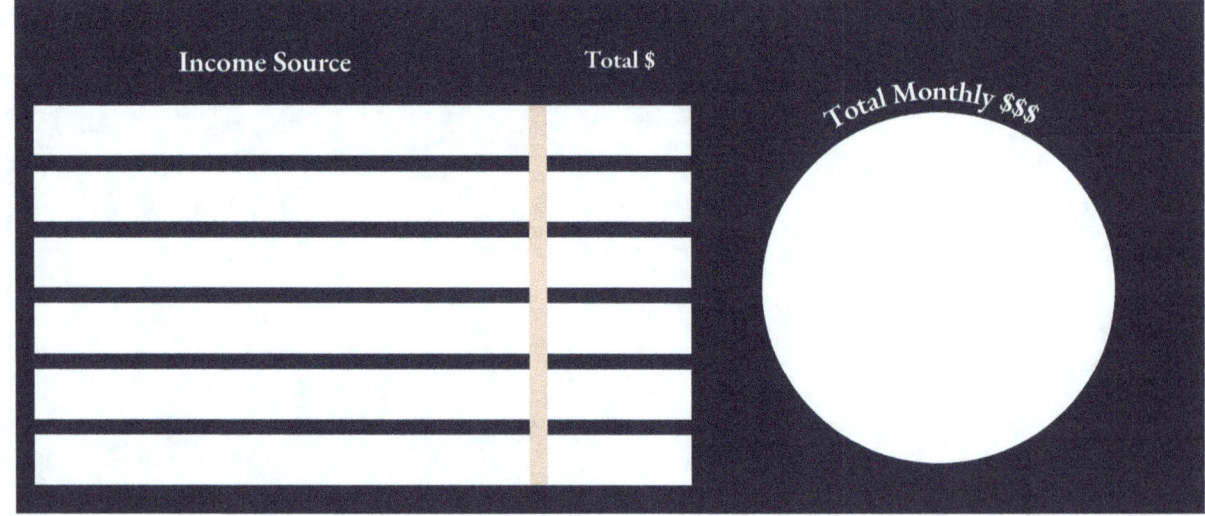

Income Source | Total $ | Total Monthly $$$

I affirm Myself

I affirm My Business

I affirm My Family

I affirm My Ministry

Notes

Notes

Notes

Notes

Notes

Notes

Notes

Notes

Notes

Notes

Notes

Notes